KB074481

장준하 평전

장준하 평전

2021년 8월 20일 처음 펴냄
2024년 1월 25일 2쇄 펴냄

지은이 신명철
펴낸이 신명철
편집 윤정현
영업 박철환
관리 이춘보
디자인 최희윤
펴낸곳 (주)우리교육
등록 제 313-2001-52호
주소 03993 서울특별시 마포구 월드컵북로 6길 46
전화 02-3142-6770
전송 02-6488-9615
홈페이지 www.urikyoyuk.modoo.at

ISBN 978-89-8040-988-4 43990

청소년을 위한

장준하 평전

신명철 지음

우리교육

장정 경로

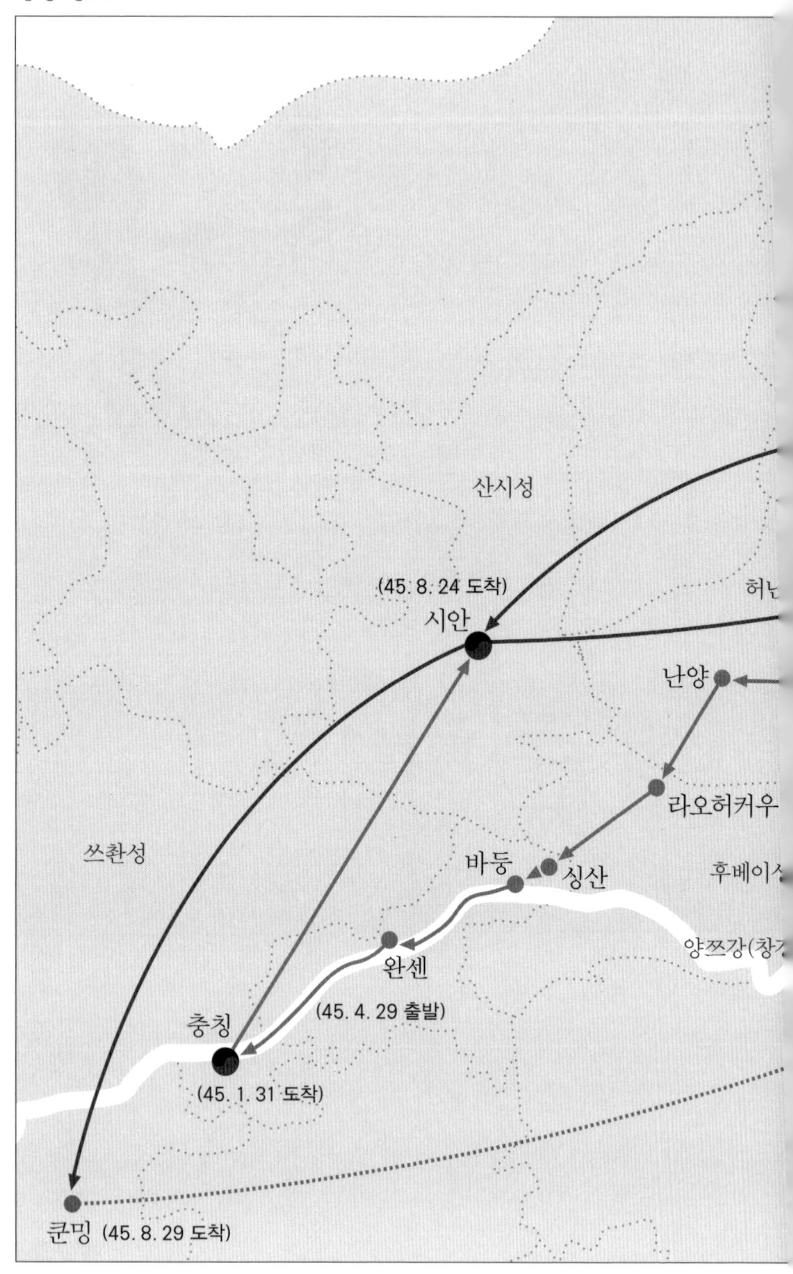

산시성
(45. 8. 24 도착)
시안
난양
라오허커우
쓰촨성
바둥
싱산
완셴
(45. 4. 29 출발)
충칭
(45. 1. 31 도착)
쿤밍 (45. 8. 29 도착)

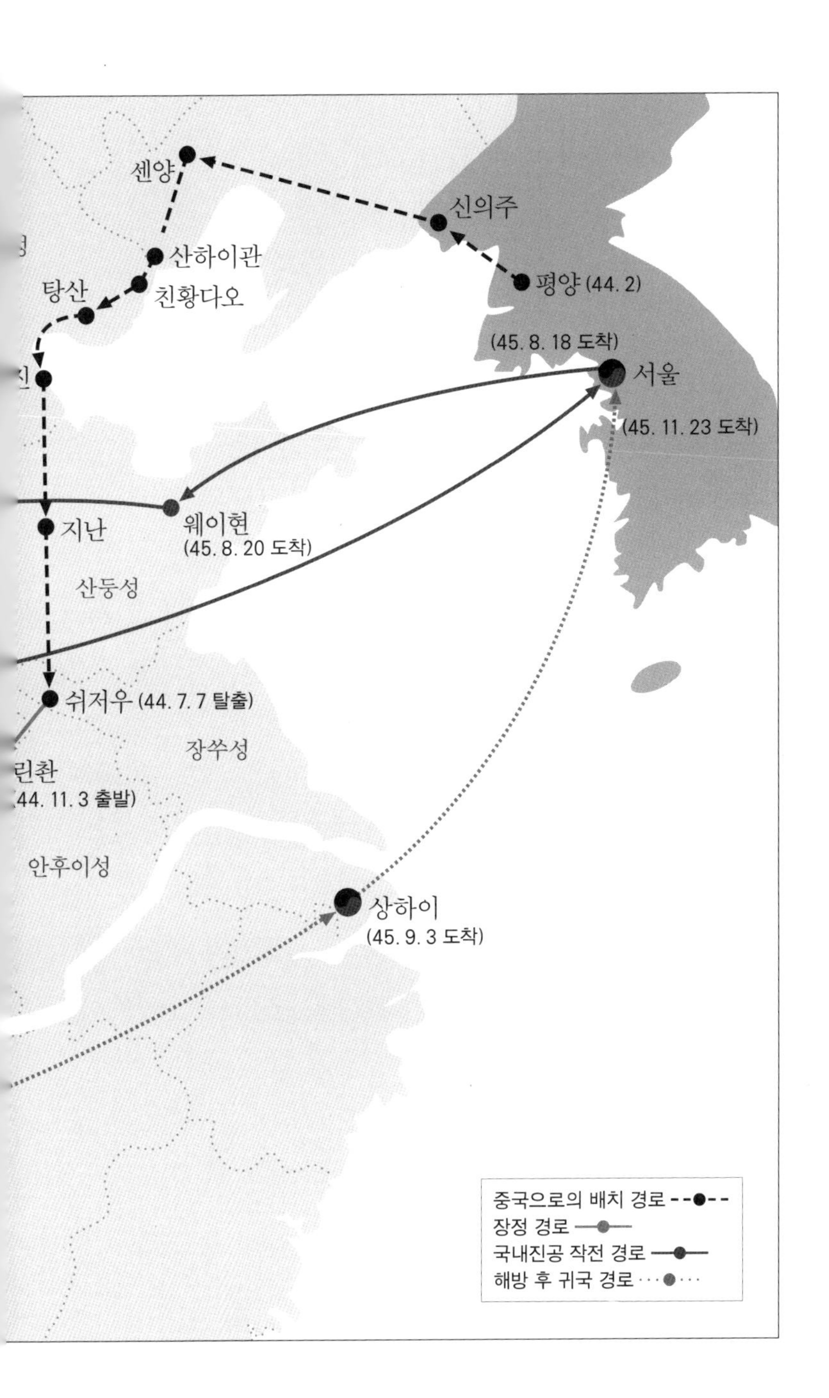

센양
신의주
산하이관
탕산
친황다오
평양 (44. 2)
(45. 8. 18 도착)
서울
(45. 11. 23 도착)
지난
웨이현
(45. 8. 20 도착)
산둥성
쉬저우 (44. 7. 7 탈출)
장쑤성
린촨
(44. 11. 3 출발)
안후이성
상하이
(45. 9. 3 도착)
중국으로의 배치 경로
장정 경로
국내진공 작전 경로
해방 후 귀국 경로

차례

압록강에서
불어오는 바람

여름이 물러간 자리는 풍성했다. 들판 가득 잘 익은 벼가 누렇게 익어 가고 있었다. 이 벼가 일본인 손에 다 들어가고 조선 사람들은 양반 출신이든 농민이든 가난을 면치 못하겠지만, 의주 장터는 벌써 온갖 곡물과 중국에서 건너온 귀한 물건들로 넘쳐났다. 장사꾼들의 흥정에도 윤기가 돌았다. 한약 꾸러미를 든 장윤희는 옅은 한숨을 내쉬었다.

경성에서 들려오는 흉흉한 소식들로 천 리 변방인 의주의 일상도 평안할 수 없었다. 압록강을 넘나들던 의병장이 붙잡힌 지 몇 달 만에 평양에서 사형에 처해졌다는 소식이 장터 사람들 사이에 조용조용히 오고 갔다. 만주 어딘가에 독립운동가들이 모여 산다고도 하고, 군대를 만들었다는 소문도 흘러 다녔다. 만주로 넘어가는 사람들이 늘어났다. 일본 순사들은 무시로 눈에 불을 켜고 다녔다.

만주 벌판을 휘감고 압록강을 넘어온 것은 바람만이 아니었다. 중국에서 곡물과 생필품은 물론 유럽의 신기한 물건도 건너왔다. 종교도 그중 하나여서, 조선 시대부터 선교사들이 들어와 평안북도는 기독교의 중심 지역이 되었다. 의주는 조선과 중국의 물류 집산지이자 교통의 중심지였다. 굽이치는 장강의 물줄기만큼이나 이곳 사람들은 강인했다. 고구려, 발해의 땅에는 오랜 유민의 역사가 배어 있었다. 중국과 맞섰던 고구려의 기백을 물려받고, 조선 500백 년 차별을 견뎌낸 북방 사람들은 자주적이고 개방적이었다. 조선 왕조 대신에 신문물, 신학문, 새로운 종교를 받아들이는 데 주저함이 없었다.

해가 대모산 자락을 넘느라 들녘을 온통 붉게 물들이자, 장윤희는 발걸음을 빨리했다. 어린 며느리가 몸을 풀었으니 걱정이 클 수밖에. 학교가 파해 아이들이 집으로 돌아가기 전에 도착해야 했다. 논길을 따라 걸어오는 장윤희는 희미한 점처럼 보이다, 새끼손가락만 하다 조금씩 윤곽이 드러났다. 걸음걸이가 여느 젊은이 못지않았다. 한 손에 미역 뭉치를 들고, 다른 손에는 한약 꾸러미가 들려 있었다.

"아무리 어려워도 다 살게 마련이야."

장윤희는 혼잣말하며 걸음을 빨리했다.

그가 만든 양성학교 학생의 부모가 탈이나 식은땀을 흘리며 며칠째 자리에 누워 있었다. 가난한 식민지 백성에게 한약 몇 봉지는 병석에서 훌훌 털고 일어날 귀한 처방이었다. 마을이 가까워지자 집집이 저녁 익어 가는 냄새가 났다. 밥 짓는 연기가 가득하다 해서 이 마을을 연하동이라 불렀다.

"얘야, 이거 받아라. 가져가 아버지 달여 드리도록 해라."

농사꾼의 아들은 어쩔 줄 몰라 했다. 일제가 조선을 삼키고 나서 신분제가 없어졌지만, 양반, 상놈의 구분은 여전히 엄격했다. 북방의 의주라 해도, 신문물을 받아들였어도 오랜 관습은 쉽게 바뀌지 않았다. 그래도 장윤희 할아버지에게 공부를 배우고, 심부름도 하면서 낯이 익어서 그런지 쭈뼛거리며 손을 내밀어 받았다. 눈에는 눈물이 그렁그렁한 채였다. 직접 읍내까지 다녀왔으니, 병환이 꽤 중한 듯했다. 장윤희는 주위에서 쉽게 구할 수 있는 풀과 나무로 약 처방을 해 주곤 했다. 가난한 이웃들이 스스로 약을 만들어 먹을 수 있게 하려는 마음에서였다.

마을 사람들은 장윤희를 '장교사 어른', '한의학 할아버지'라고 부르며 존경했다. 그는 낡은 조선의 생각과 틀을 깬 앞선 사람이었다. 일찍이 상투를 잘라 냈다. 기독교를 받아들이고 장로가 되어, 집과 돈을 내서 교회를 짓고 사립학교를 세웠다. 기독교를 통해 들어온 신문화 교육에 앞장섰다. 직접 군사를 일으켜 싸우지는 못해도 나라를 구할 재목을 키우는 일로 도리를 다하려 했다. 장윤희와 비슷한 지사들은 교육 사업에 힘을 쏟았다. 시골의 작은 마을까지 전국 곳곳에 학교가 세워졌다.

집 마당으로 울음소리가 들려오자, 장윤희의 얼굴에 흐뭇한 미소가 번졌다.

"고놈, 우는 소리가 보통이 아니야."

장윤희의 손자 장준하가 태어난 집에는 오랜만에 웃음소리가 가득했다. 장윤희는 54세에 할아버지가 되었다. 조혼이 오랜 관습이던 시절이었으니, 이른 것도 아니었다. 열네 살에 결혼해 열여덟에 아들을 낳은 장준하 아버지 장석인은 한 해 전에 신의주공립보통학교를 수석으로 졸업한 재원이었다. 이 집에 해를 이어 경사가 난 셈이다. 하지만 장석인은 신의주고등보통학교에 진학할 수 없었다. 일제가 재산세 5원을 내지 못하는 집의 자식은 입학 자격을 주지 않았기 때문이다. 장석인은 주위의 도움을 받아 신의주 부청의 임시직으로 취직해 일을 나갔다.

평안북도 의주읍 서교회당에는 오전부터 사람들이 몰려들었다. 1919년 3월 1일 정오에는 1,000여 명이 교회당 앞 공터를 가득 메웠다. 서울 종로에서 33인이 독립선언서를 낭독할 때, 의주에서도 독립선언식을 열기로 했다. 사람들 손에는 태극기가 들려 있었다. 단상에는 유대여 목사가 이제 막 도착한 독립선언서를 들고 낭독했다.

"만세, 대한독립 만세!"

유대여 목사의 선창에 만세 함성이 울려 퍼졌다. 장석인도 태극기를 크게 흔들며 만세를 외쳤다. 군중들은 만세를 부르며 거리로 나섰다. 유대여 목사를 비롯해 시위를 준비한 사람들이 현장에서 체포됐다. 헌병대 총칼 앞에서 사람들은 둑이 무너지듯 사방으로 흩어졌지만 만세 시위는 끝난 게 아니었다. 다음 날도, 그다음 날도 계속되었다. 남대문 밖에서 시작한 시위는 농민들이 참여하면서 규모가 커졌다. 3월 3일 고종의 국장일에는 의주 일대의 민중이 읍내로 모여들었다. 일본군은 시위대가 모여들기만 하면 칼과 총으로 마구 찌르고 쇠갈고리로 찍어 댔다.

읍내 곳곳에 모래주머니로 둑을 쌓고 기관총을 걸어 놓았다. 일본 헌병은 경계하며 통행을 제한했다. 수상한 기미만 있으면 그 자리에서 두들겨 패거나 끌고 갔다. 감시와 폭행에도 의주 사람들의 저항은 오히려 거세졌다. 학생은 동맹휴학을 하고, 상인들은 시장을 닫았다. 노동자는 파업에 들어갔고, 농민들은 양곡과 땔감을 숨겨 유통을 막았다. 의주의 권력과 상권을 장악한 일본인들은 곤궁에 빠졌다. 식민지 열등한 민족이라며 함부로 대했는데, 눈앞으로 파도가 몰려왔다.

항쟁은 3월 27일 절정에 달했다. 의주 민중은 장날을 이용하여 3,000여 명이 만세 시위를 벌였다. 일본군은 시위를 시작하자마자 헌병대를 앞세워 부력으로 진압하려 했다. 시장에는 화약 냄새가 가득했다. 총소리에 혼이 나가 땅바닥에 엎드렸던 사람들이 일어나 피를 흘리며 쓰러진 사람들을 골목 안쪽으로 옮겼다. 여섯 명이 죽고, 부상자가 속출했다. 의주 민중은 시체를 달구지에 싣고 주재소를 향했다.

"일본군은 사죄하라."

시체를 주재소 앞에 두고 일본군의 정식 사과를 요구했다. 시위대가 갈수록 늘어났다. 일본군이 무력을 사용하면 물러났다가 다시 모여들기를 반복했다. 사람들은 해가 지면 집으로 돌아갔다가 아침이 밝으면 다시 읍내로 향했다.

4월 1일은 5,000여 명의 시위로 다시 타올랐다. 의주 일원의 조선 사람은 모두 읍내로 몰려나온 듯했다. 가족과 이웃을 잃은 사람들의 시위는 읍을 불태울 기세였지만, 일본군의 무력 앞에서는 버틸 재간이 없었다. 사상자가 늘어났다.

일본 경찰은 시위가 한 달 가까이 이어진 데 주목했다. 사람들이 어디에서 났는지 시위 때마다 태극기를 흔들어 댔다. 의주는 물산이 풍부한 곳이라 시위대가 쓰는 물품의 출처를 찾기 어려웠다. 교역량도 많고, 유통되는 돈의 단위도 컸다. 젊은 사람은 모두 불순분자로 의심받았다. 그중 교회를 진원지로 지목

했다. 일본 경찰은 의주에 있는 교회와 청년을 하나하나 조사하기 시작했다. 아직은 누가 태극기를 만들고, 은밀히 나눠 줬는지 알아내지 못한 상태였다. 의주 사람들의 몸에 밴 반골 기질은 일본 경찰이 쉽게 파고들 수 없게 했다. 조선인 순사에게는 노골적으로 반감을 드러내기도 했다.

장석인도 요시찰 대상이었다. 확실한 증거가 드러나지 않았지만 부청 임시직에서 쫓겨났다. 위기가 닥쳐오고 있었다. 교회에서 시위가 시작됐으니 장윤희와 장석인 모두 주목받는 게 어찌 보면 당연한 일이었다. 순사들이 수시로 집에 드나들었다. 동네 언저리에서는 아이들을 구슬려 가며 수상한 움직임이 없었는지 캐묻곤 했다. 일본군 눈 아래에 있다가는 무슨 일을 당할지 알 수 없었다. 병약한 며느리도 걱정이었다. 장윤희는 부랴부랴 이삿짐을 쌌다.

깊은 산골짜기로 숨어들었다. 장윤희가 새 거처로 삼은 곳은 화전민이 터를 일구어 사는 두메산골이었다. 평안북도 삭주군 외남면 청계동, 이곳이 장준하가 한 살에 이사와 어린 시절을 보낸 실제 고향이었다. 청계동은 온통 산으로 둘러싸여 있었다. 은창산, 삼봉산, 팔영령, 연대봉으로 둘러싸인 청계동 언덕에는 화전민과 소농이 옹기종기 모여 살았다. 오막살이는 초가가 아니라 나무로 지은 집이었다. 평북 지역에는 삼나무 숲이 울창했다. 삭주의 산기슭 집은 모두 삼나무 집이었다.

학교도, 시장도 전혀 없는 첩첩산중 산속 마을에서 장준하는 천둥벌거숭이로 자랐다. 하늘을 찌르는 숲과 물 맑은 계곡은 자연이 내려 준 학습장이고 놀이터였다. 장준하와 또래 아이들은 아침부터 해가 질 때까지 산속을 헤매고 다녔다. 흙과 나무, 물과 하나가 되어 보내는 시간은 학교에 들어갈 나이가 되어서야 끝이 나고 말았다. 할아버지의 엄명이 떨어져, 하루도 빠지지 않고 서당에 다녀야 했다. 일찍이 신학문을 배운 장윤희지만 한자 공부를 중요하게 생각했다. 8킬로미터 근방에는 학교가 없었다. 할아버지는 산속 오솔길을 이리 넘고 저리 돌아 약 4킬로미터를 걸어야 나오는 서당에서 한자를 충실하게 배우길 바랐다.

장준하는 글자 하나하나 읽고 외우는 공부에 재미를 느끼지 못했다. 좀이 쑤시고 하품이 났으나 공부를 게을리할 수는 없었다. 인자한 할아버지이지만 서당에 나가는 것만은 엄하게 다스렸다. 서당의 선생님도 할아버지의 당부를 가벼이 대하지 않았다.

장준하는 겨울이 오기만을 고대했다. 만주의 거센 바람이 압록강을 건너 백두산맥을 타고 차갑게 몰아치면 곧 눈보라가 쏟아졌다. 대륙에서 넘어온 눈바람은 깊고 한이 없었다. 한번 쏟아지면 며칠을 쉬지 않고 내리고 쌓였다. 길은 흔적도 없고, 집들은 나무 지붕만 드러내 숲인지 마을인지 알 수조차 없었다. 이런 날이 오면 장준하 세상이었다. 마을 사람들도 모두 일손을 놓았다. 산에는 길을 잃은 토끼, 노루의 발자국이 흐트러져 있었다. 장준하와 아이들은 마을 어른들 뒤를 좇아 온 산을 뛰어다녔다.

눈이 장준하의 키보다 높이 쌓이면 산짐승들이 먹을 것을 찾아 마을 가까이 내려올 수밖에 없었다. 눈은 산골짜기보다 평지에 더 수북하게 쌓이게 마련이어서, 산짐승은 사람들 곁으로 다가오다가 눈 속에 빠져 허둥대곤 했다. 눈 위로 목만 내밀며 발버둥 치는 노루는 마을 사람들에게 하늘이 내린 선물이었다. 그런 날이면 깊은 산속에 고기 잔치가 벌어졌다.

자강도에서부터 시작한 강남산맥의 깊은 산과 바람, 하늘을 찌르는 삼나무와 야생동물들은 장준하의 어린 시절을 함께한 동반자였고, 거침없고 집요한 근성을 만들어 준 단단한 뿌리였다.

장준하에게 자연이 주는 놀라움과 더불어 충격적이고 자극적인 감동을 준 것이 있었다. 신문이었다. 장윤희는 청계동 첩첩 산골로 깊이 들어왔지만 신문을 구독했다. 신문은 일주일에 한 번씩 일주일 치를 배달해 주었다. 할아버지 한 분을 위해 산골짜기까지 신문을 가지고 들어왔다. 백두산 아래 압록강이 흐르는 깊은 산중에 매주 바깥세상의 귀한 소식이 전해졌다.

장준하에게는 새로운 세계가 펼쳐졌다. 신문은 신기하고 흥미로웠다. 한자도 있고, 한글도 있고, 놀랍게도 그림도 있었다. 할아버지가 신문을 보시고 나면 장준하 차지가 되었다. 일주일치 신문은 미지의 세계를 탐험하는 시간이었다. 그림과 만화는 하루 종일 신문 앞에 뒹굴며 놀아도 지루하지 않게 만들었다. 신문은 훌륭한 도배지이기도 했다. 삼나무 집은 천장도 벽에도 신문지를 발랐다. 방에 누워 있으면 신기한 글자와 그림으로 가득했다.

장준하가 열 살이 넘자 더 이상 서당만 다닐 수는 없었다. 아버지 장석인은 장준하를 꼭 학교에 보내고 싶어 했다. 족도리골이라 불리는 높은 봉우리를 넘고, 산길을 8킬로미터 정도 걸어가야 학교가 있었다. 대관보통학교를 5학년부터 시작해 2년을 다니고 졸업할 수 있었다.

장준하가 학교에 다니기 위해 넘어 다녔던 족도리골은 높은 산이 갈라지고 이어져, 능선을 타고 독립군이 은밀하게 이동했다. 강남산맥 아래에 흩뿌려진 마을들은 그들의 보급처이기도 했다. 밤을 타고 일본군을 피해 왔다가 아침 해가 뜨기 전에 사라지곤 했다. 압록강을 건너 만주를 넘나들면서 일본군과 전투를 벌이는 독립군 부대는 이곳 산골 마을 사람들에게는 익숙한 모습이었다. 독립군은 국내 진공 작전을 벌이기도 했고, 국경을 넘어 경찰서와 관청을 습격하기도 했다. 김좌진 장군의 이름은 바람결에 흘러들어와 나라를 빼앗긴 사람들의 마음을 뒤흔들어 놓았다. 청산리 전투의 대승 소식은 장터에서, 학교에서, 논에서 모내기를 하면서 소곤소곤 전해졌다. 압록강을 건너 만주에서 들려오는 전투 소식은 선각자인 장윤희는 물론 산골 사람들의 가슴속에 항일정신이 배어들게 했다. 장준하도 만주에서 불어오는 항일의 바람을 가득 맞으며 자랐다.

항일정신으로 크는 선천의 중학생

할아버지와 헤어져야 할 시간이 왔다. 첩첩 산골 산속에서 천둥벌거숭이로 뛰어다니던 어린 시절이 끝났다. 장준하는 허리에 책보를 싸고 할아버지에게 큰절을 했다. 늘 험한 산을 넘고 8킬로미터를 걸어 학교에 다녔으니 먼 길을 나선다 해서 두렵거나 새삼스러운 것은 없었지만, 할아버지를 떠나 아버지와 단둘이 살아야 하는 일은 어색하고 어려웠다.

아버지 장석인이 평양에서 생활한 지 4년이 넘었으니, 장준하에게는 아버지보다 할아버지가 더 각별한 게 당연했다. 장석인은 1926년 평양 숭실전문학교에 입학하여 1930년에 졸업하고, 그해 바로 모교의 교사가 되었다. 생활이 안정되자 아들의 공부를 책임지고 싶었다. 장석인은 일제의 감시 속에서도 독학으로 공부의 열정을 이어갔던 만큼, 압록강 아래 깊은 산골에서 보통학교를 2년만 다니고 졸업한 장준하가 못내 걱정되었다. 장석인은 아버지의 뜻을 이어 목사의 길을 걷고 있었다. 자식도 자신과 같은 길을 걷기를 바랐다.

청계동에서 산길을 12킬로미터가 넘게 걸어야 자동차가 다닌다는 신작로가 나왔다. 그곳에서 하루에 한 번 다니거나 말거나 하는 자동차를 타고 좁다란 길을 120킬로미터나 달려 정주에 닿을 수 있었다.

정주에 도착하자 이미 한낮이었다. 시장 어귀에서 국밥으로 점심을 때우고 장석인과 장준하는 정주역으로 향했다. 기차역은 벽돌로 지어진 건물로 장준하의 눈에는 어마어마하게 커 보였다. 정주역은 경의선 마지막 역이었다.

기차가 도착할 때가 됐는지 사람들이 역사 안으로 몰려들었다. 몸의 서너 배는 되어 보이는 보따리를 지고 가는 허름한 차림이 대부분이었다. 중국에서 물건을 들여와 평양에 가지고 가는 상인들이다. 금광을 찾아 들어온 사람들은 행색도 말투도 달랐다. 그들 사이로 나무 신 소리가 요란했다. 언제나 일본인이 우선이었다. 평양으로 유학 가는 장준하는 도시도, 기차도 낯설고 신기해 할아버지와 떨어져 지내야 한다는 슬픔도 까마득히 잊었다. 기차가 천둥 치는 소리를 내며 들어왔다. 몸이 떨려 왔다. 사람들이 기차로 향하면서 역 안은 장터마냥 소란스러워졌다. 다들 서둘러 기차에 올랐다.

"준하야, 아비 손을 꼭 잡아라."

장석인도 사람들 사이로 밀치고 들어가며 장준하를 잡은 손에 힘을 더했다. 평양까지는 먼 길이었다. 평양은 의주, 정주와는 비교할 수 없을 만큼 크고 화려했다. 시내에는 전차가 다녔다. 양장한 사람이 유난히 많았는데, 그 모습이 낯설기만 했다. 우마차와 자전거가 평양역 광장을 가로지르고, 그 사이로 인력거가 달렸다. 오토바이란 물건도 평양에서 볼 수 있었다.

장석인의 집은 낡고 좁았다. 청계동에서는 제일 부자이지만 유학 생활하기에는 턱없이 가난했다. 아버지가 독학하는 셈이니 장준하도 학교에 다니는 일 외에는 엄두를 낼 수 없었다.

숭실중학은 평양 최고의 명문 학교였다. 장준하 입학 1년 전에 증축해 1,000여 명이 다니는 대규모 학교였다. 중학생이 된 장준하는 하루가 다르게 어른스러워졌다. 숭실 학생이라면 평양시민 누구나 자랑스러워하고, 존중했다. 학교를 오가는 일 말고는 평양을 다녀볼 기회가 별로 없었지만, 대동강 가를 지나거나 을밀대를 찾아갔을 때의 감동은 자못 컸다. 고구려의 도읍지 평양의 숭실 학생이라는 자부심은 장준하의 삶에 책임감을 더하는 계기였다.

숭실학교의 시간은 빨리 지나갔다. 어느새 봄에서 여름으로 넘어가고 있었다. 학교 게시판에는 동아일보에서 주최하는 '하기 브나로드 운동' 포스터가 붙어 있었다.

'아, 이건 내가 해야 할 일이야.'

장준하는 알 수 없는 확신이 생겼다. 포스터에는 '아는 것이 힘이다', '배워야 산다' 등의 표어가 쓰여 있었다. 장준하는 어려서 할아버지가 마을 사람을 만나면 하시던 말씀이 떠올랐다.

"자네 아들은 꼭 글을 익혀야 하네. 반상의 구별이 없어졌으니 글을 익히면 할 수 있는 일이 아주 많다네. 아이들이 제대로 배워야 나라를 바로 세울 수 있지 않겠나."

'브나로드'란 러시아어로 '민중 속으로'라는 뜻이다. 러시아 청년 귀족과 학생들이 농민을 깨우쳐 사회 개혁을 이루려 했던 계몽운동을 동아일보가 받아들였다. 장준하는 희망 지역을 고향으로 해서 신청서를 작성했다. 여름방학이 되면 바로 시작할 수 있었다. 동아일보 평양지사에서 실시한 이틀간의 야간 강습을 듣고 장준하는 바로 고향으로 향했다.

장준하는 미리 구해 놓은 자전거를 싣고 정주행 첫차를 탔다. 정주에서부터 삭주까지는 자전거를 타고 가야 했다. 자전거는 날듯이 길을 치고 나갔다. 바람은 시원했지만 곧 온몸이 땀에 젖었다. 신작로는 오솔길로 바뀌고, 산을 타고 넘다가 가파른 고개를 마주하면 자전거를 지고 넘어야 했다. 120킬로미터 길은 험하고 멀었다. 이틀을 꼬박 달려서 고향 청계동에 닿을 수 있었다.

대문 밖에 자전거를 받쳐두고 안으로 들어서자 그리운 할아버지 대신 순사 두 명이 기다리고 있었다. 순간 장준하는 숨이 멎는 것 같았다. 순사들은 야릇한 웃음을 흘리며 장준하에게 다가왔다.

"자네가 숭실학교 장준하인가?"

"네."

장준하는 짧게 대답했다. 순사들이 움직일 때마다 군화 소리가 자극적으로 났다. 하지만 무언가 조심하는 듯한 태도도 느껴졌다. 분명 방안에 계실 할아버지를 의식하는 것 같았다.

"야학을 한다고 하던데, 네 공부나 열심히 하지. 평양까지 유학을 간 재원이 산골짜기 무지렁이들에게 무슨 글을 가르친다고……."

그들은 장준하가 하려는 일을 시시콜콜 캐물었다. 누구를 대상으로 언제 어디서 무슨 내용으로 하는지 빠짐없이 적어 내야 했다. 순사들은 협박조로 장준하를 다그치긴 했지만 강습을 막지는 못했다. 장준하는 이를 악물었다. 이 일을 꼭 해야 하는 이유가 하나 더 늘었다.

마을 공회당을 빌려 여자는 낮에, 남자는 밤에 수업했다. 강습은 노래를 가르치는 것부터 시작했다. 벽에 칠판을 걸고 본격적으로 한글 수업을 했다. 교재는 신문사에서 보내 주었다.

순사들은 2인 1조로 왔다. 일본인 순사가 조선인 순사를 대동하는 식이었다. 야학하는 날이면 어김없이 이들이 찾아왔다. 장준하는 애써 무시하고 수업을 계속했다. 그들은 장준하의 입에서 무슨 얘기가 나오는지 관찰했다. 한글을 가르치고 수학 공부를 해도 뒷문 쪽에 의자를 가져다 놓고 앉아 학생들을 훑어보곤 했다. 등골이 오싹했다.

"대체 이따위 것을 가르쳐서 어디에 써먹을 수 있다고 생각하는 거지?"

조선인 순사는 장준하에게 불쑥불쑥 불만을 제기하곤 했다. 중학생이 뭘 모르고 철없는 짓을 한다는 뜻이기도 하고, 조금이라도 불온한 말을 하면 가만두지 않겠다는 협박이기도 했다. 순사들은 신경질적으로 대하긴 해도 직접 폭력을 쓰거나, 수업을 못 하게 막지는 못했다. 강습은 방학 내내 이어졌다. 다시 자전거를 타고 사흘에 걸쳐 평양으로 돌아가야 했다.

평양에서의 생활은 길지 않았다. 1학년을 마치자 아버지 장석인이 선천시 신성중학교로 옮기게 되었다. 장석인은 신성중학교 종교 교육을 담당하는 교목이 되면서, 1년에 3개월만 다니면 되는 평양신학교에 입학할 수 있었다. 장준하도 신성중학교로 전학했다. 선천은 기독교의 고장이었고, 독립운동가의 산실이었다.

선천의 교회는 독립운동을 지원하는 거점 역할을 했다. 장석인도 그중 하나였다. 선천 인구 3,000명 중 5분의 4가 기독교인이었다. 일요일에는 다들 교회에 가느라 장이 서지 않았다.

교사와 학생으로 장석인과 장준하는 매일 아침 같은 학교로 향했다. 이 학교에서 '요시찰 교사'라는 딱지는 영웅 대접을 받았다. 이런 아버지와 함께 교문을 드나드는 일은 편치 않았다. 3학년에 올라가자 장준하는 학교 기숙사에 들어가게 되었다. 이때 사귄 친구가 안선규였다.

아버지를 따라 읍내의 어른께 인사하러 갔는데, 안선규의 할아버지였다. 장윤희와 함께 공부한 친구 사이였다. 안선규의 아버지는 3·1운동 주동자로 끌려갔었고, 그다음 해 선천경찰서 폭탄 투척 사건에 가담했다 고문 후유증으로 돌아가신 분이다. 장준하와 안선규는 급속도로 가까워졌다. 선천 곳곳의 유적지와 명승지를 찾아다녔다. 압록강을 처음 가 본 것도 안선규와 함께였다. 주말이면 오전에는 학교에서 성경 공부를 하고 오후에는 전도사로 활동했다. 시간이 날 때면 검산성을 오르곤 했다.

항일 도시 선천도 일제의 탄압이 거세졌다. 1935년 말부터 일제는 모든 학교에 신사참배를 강요했다. 반일의식이 강한 서북지방 기독교 학교가 집중 관리 대상이었다. 평양에서 시작해 선천 지역으로 압박을 더해 왔다. 1937년 장준하는 5학년 졸업반 이었다. 5월 5일은 민족의 명절인 단오를 기념해 평북 도내 씨름 대회가 열렸다. 군 대항전은 경쟁도 치열하고 응원전도 뜨거웠다. 신성중학교 학생이 선천 씨름선수단의 주축이었다. 이날 대승을 거둔 학생들은 읍내에서 학교까지 행진했다. 학교는 축제 분위기였다.

갑자기 일본 경찰들이 몰려들었다. 무슨 일인가 머뭇거리는 사이에 경찰들은 교장실로 들어가 장이욱 교장을 연행했다. 끌려가는 교장을 구하기 위해 학생들이 학교 운동장으로 달려갔지만 일본 경찰의 총칼 앞에서는 속수무책으로 밀려날 수밖에 없었다. 해가 질 때쯤이라 이미 많은 학생이 집으로 돌아간 후여서 상대가 되지 못했다. 교장 선생님을 빼앗긴 학생들은 몽둥이로 두들겨 맞으며 강제로 해산당했다.

다음 날 장준하는 학년 대표들을 모았다. 반일의 중심지인 선천의 학생들은 모두가 한뜻이었다.

“나는 앞으로 일본어로 된 책을 읽지도, 그 책으로 공부를 하지도 않겠다.”

장준하는 앞에 나와서 책을 찢었다. 그러자 학년 대표들이 모두 책가방을 뒤집어서 책을 털어 내고 일본어 책을 찢기 시작했다. 학생들이 하나씩 따라 책을 찢었다. 찢어진 일본어 책이 학교 운동장에 쌓여 산을 이루어 갔다. 학생들이 파지를 둘러싸고 어깨를 걸고 빙 둘러섰다. 교가가 저절로 울려 퍼졌다. 학생들은 대열을 만들어 교문을 나섰다.

"장이욱 교장 선생님을 석방하라!"

어느새 경찰들이 출동해 앞을 막아섰다. 학생들이 물러서지 않자 갑자기 달려들어 무자비하게 두들겨 패기 시작했다. 학생들이 피범벅이 된 채 학교 안으로 피했다가 대모산으로 올라가기 시작했다. 경찰들도 산 위까지는 따라오지 못했다.

"경찰은 물러가고, 장이욱 교장 선생님을 석방하라!"

산 아래를 포위하는 경찰의 수가 계속 늘어났다. 학생들의 농성은 오래 가지 못했다. 경찰들이 산 위로 올라와 닥치는 대로 때리며 총검으로 몰아세웠다. 학생들은 구석으로 몰렸다.

"누가 주동자인가? 불법 시위를 꾸민 자를 내보내라."

경찰은 계속 몽둥이를 휘둘러 대면서 학생들을 몰아갔다. 누군가 나서야 했다.

"내가 학생 대표요. 나를 데려가고 우리 학생들은 집에 돌려보내 주시오."

유치장은 습했다. 나무판자를 이어댄 벽에는 날카로운 것으로 긁어 쓴 낙서가 곳곳에 새겨져 있었다. 이곳을 거쳐 간 독립운동가가 얼마나 많을까. 장준하는 철창을 향해 꼿꼿이 허리를 펴고 앉았다. 춥지 않으니 견딜만했다. 유치장과의 인연이 시작됐다.

장준하는 중학교를 졸업하자마자 정주로 옮겼다. 평양에 있는 숭실전문학교에 진학하고 싶었지만 여의치 않았다. 신사참배를 거부한 숭실전문학교가 문을 닫아 더 이상 학업을 계속할 수 없게 되었다. 서울로 유학 가는 건 꿈도 꿀 수 없는 일이었다. 친구 김용묵이 다니는 교회 길교학 목사의 추천으로 신안소학교 교사가 되기로 했다.

식민지 시절을
견뎌 내려면

지붕이 깨져나가라 두드리는 빗소리에 잠이 깼다. 몇 시간이나 내린 걸까. 잠이 들기 전에는 소낙비였는데, 폭우로 바뀌어 있었다. 창문 밖으로 물줄기가 내를 이루고 있었다. 김용묵 교장 대리는 완전히 잠이 달아났다. 이렇게 폭우가 쏟아지면 학교가 견뎌 내기 어려웠다. 김용묵은 누가 깰까 조심조심 하숙집을 나와 학교로 향했다.

불빛은 가녀리고 힘이 없었다. 비에 갇힌 학교는 침울했다. 무너질 듯 서 있는 교회당 건물 뒤, 무거운 어둠 사이로 무언가 희끗희끗했다. 교장은 놀라 언덕을 뛰어 올라갔다. 지붕 위에 누군가가 움직이고 있었다.

"누구요?"

"아! 교장 선생이신가! 교장도 걱정이 됐나 보구만!"

장준하의 활달한 목소리가 지붕 위에서 빗줄기를 타고 내려왔다. 어느새 지붕에 올라가 비가 새는 곳을 막고 있었다. 교회당과 마주한 학교 건물은 낡은 창고와 다를 바 없었다. 학교는 진흙 위에 바른 석회벽이 떨어져 수수깡이 드러날 정도로 초라했다. 비가 샐 수밖에 없었다.

식민지 지배가 길어지자 일제에 협력하는 사람들이 늘어나, 학교도 공립학교만 보냈다. 사립학교는 변방의 가난한 집 아이들이 다니는 학교가 되었다. 공립학교 출신이 아니면 일본인들 눈에 들지 못한다는 생각에서였다. 사립학교는 하나씩 사라져 가던 어려운 시절이었다.

신안소학교 교사는 여섯 명이 전부였다. 당시 교장은 이름뿐이었고, 만주로 떠난 상태였다. 김용묵이 제일 연장자라 교장대리에 6학년 담임을 맡았고, 장준하는 5학년 담임을 맡았다. 장준하와 김용묵은 나중에 부인이 되는 김희숙의 외삼촌인 노광근의 소개로, 노광근의 동생 노선삼의 집에서 하숙 생활을 하기로 했다.

학교는 곧바로 소용돌이에 휘말렸다. 태풍의 진원지는 장준하였다. 개학하자마자 장준하는 수업에 가위를 들고 들어갔다. 5학년 여학생들을 모아 놓고 단발머리로 머리를 잘라 버렸다. 정주의 어른들은 단발령 이후 가장 큰 충격을 받았다. 학부모들 항의가 빗발쳤으나 장준하는 아랑곳하지 않았다. 그때마다 김용묵 교장 대리가 나서야 했다. 유지들이 한꺼번에 학교에 찾아오기도 했다.

장준하는 낡은 관습을 깨야만 근본적으로 바뀔 수 있다고 믿었다. 비록 식민지에서 태어난 아이들이지만 새로운 교육을 받고, 외국의 신문물을 받아들여 새로운 세상의 주인이 되어야 하기 때문이었다.

장준하의 도전은 여기에서 그치지 않았다. 쉬는 시간에는 댕기 머리를 한 여학생을 쫓아다니며 머리카락을 자르곤 했다. 거기에 더해 재단사를 불러 상급반 100명에게 블라우스와 스커트를 맞춰 주었다. 비용은 등록금으로 해결했다. 학교 이사들과 정주의 유지들은 충격에 휩싸였다. 못마땅해하고, 욕을 하는 사람이 많았지만, 장준하를 이해하는 사람도 생겨났다. 무릎을 치며 감탄하는 사람이 차츰 늘어났다.

마룻방으로 되어 있는 교회를 체육관으로 이용하기도 하고, 일요일에는 주일학교 선생님으로 활동했다. 주일예배가 끝나면 학생들과 시내를 누비며 전도했다. 그의 추진력에 다들 놀랄 수밖에 없었다.

충격이 서서히 가시자 장준하에 대한 기대가 커지기 시작했다. 정주에서 그의 이름을 모르는 사람이 없을 정도였다. 장준하는 5학년 학생들을 데리고 뒷산에 펼쳐져 있는 사과 과수원으로 올라갔다.

"자, 이제부터 톱을 들고 사과나무를 모두 베어 버려라."

장준하는 머뭇거리는 학생들을 다그치지 않고 직접 나무를 베기 시작했다.

"선생님, 사과가 열려 있는데요."

"괜찮다. 사과는 매년 열리니 아까워하지 말고 베어 버려라."

"그래도……."

"오늘 너희는 사과나무를 베러 산에 올라와 있지만, 이곳은 네 동생들이 편히 앉아서 공부할 자리가 될 거야. 우리가 학교를 세우는 거다. 알았지. 다 잘라 내자!"

김용묵 교장 대리와 선생들이 얼굴이 하얗게 되어서 뛰어 올라왔다. 그들은 잘려 나간 사과나무 앞에서 그저 망연자실할 뿐이었다. 이미 장도사로 정주의 유명인사가 된 장준하를 아무도 막을 수 없었다. 선생님을 따라온 학생들은 오히려 적극적이었다.

6학년이 뛰어들자 다른 학생들도 참여하기 시작했다. 5학년이 시작한 일은 전교생이 참여하는 대규모 공사로 바뀌었다. 저학년 아이들도 냄비를 들고 올라와 흙을 퍼 날랐다. 보통학교 학생들이지만 학교를 늦게 입학한 학생이 많아 청년이나 다를 바 없어 기운이 넘쳐났다. 그들은 사과나무를 잘라 내고 나서는 30년 묵은 낙엽송을 모두 잘라 냈다.

설립자의 과수원이 수천 평이고 조선의 왕이 하사한 임야가 1만여 평에 이르렀다. 이 땅에 학교를 세우려던 계획을 알게 된 장준하는 주저하지 않고 칼을 빼든 것이었다. 학교 뒷산은 매일 나무를 베고, 아래로 내리는 소리로 가득했다. 학생들은 해가 져도 내려갈 생각을 하지 않았다. 땀이 비 오듯 쏟아지는 맨살의 근육이 달빛 아래 빛을 내고 있었다.

어느 날부터는 교회 청년들이 함께하기 시작했다. 이제는 학생, 동문, 교회 청년, 마을 사람이 모두 참여하는 대대적인 공사가 되었다. 밤이 깊은 산 위에서 교가가 울려 퍼졌다.

"반공에 솟은 북장대 위에 평화의 깃발 나부끼고 만고의 장류 달내강 위에 평화의 기상이 떠 있고나."

700평 학교 운동장이 만들어지자, 장준하는 운동회를 조직했다. 운동회에는 학부모는 물론 지역 어른들까지 참여해 성황을 이루었다. 이제는 학부모들이 전면에 나섰다. 아무리 사립학교가 무너져 가고 있다지만 평북의 중심 도시인 정주는 교육의 도시이자 기독교의 도시였다. 학교 이사들도, 설립자도 못 본 체할 수만은 없었다. 학교 신축공사는 정주에 활력을 불러일으키는 사업이 되었다.

학교를 뒤바꾸는 동안 장준하는 하숙집에서 숙식을 해결했다. 김용묵 교장 대리와 다른 선생님도 함께였다. 장준하는 폐가 좋지 않아 간혹 코피를 흘리곤 했다. 노선삼은 특별히 장준하에게 마음을 썼다. 장준하도 그를 따라 아들처럼 행동하곤 했다. 하숙집 딸 김희숙은 장준하의 제자였다. 김용묵이 일본 유학을 떠나고 나서도 장준하는 1년여 하숙을 계속했다. 평일에는 학교 교사로서, 주일에는 전도사로, 방학에는 고향에 가서 농촌계몽운동을 계속했다.

장준하는 하루하루 충실하게 보냈지만, 식민지 땅에서 할 수 있는 일은 별로 없었다. 일제의 감시와 협박은 강좌도 유지하기 어렵게 만들었다. 희망이 보이지 않았다. 대목산 정상을 뛰어올라도, 신미도 푸른 바닷바람을 맞아도 장준하의 답답함을 씻을 수는 없었다. 가슴이 터져 나갈 것만 같았다. 무기력한 일상을 보내는데, 일본에서 전보가 왔다. 신성중학교 친구 김익준이었다.

'동양대학에 다닐 수 있도록 알아봐 줄 테니 일본으로 와라. 그냥 맨손으로 오기만 하면 돼.'

장석인은 아들에게 좋은 기회가 왔다고 기뻐했다. 일본과 중국의 전쟁은 깊고 치열해, 대륙과 경계에 있는 평안북도에서 일본 군경의 감시를 받으면서는 정상적인 활동이 불가능했다. 장석인은 요시찰 대상이었고, 가족 모두 안전을 보장하기 어려운 상태였다.

일본군의 전투력은 대단했다. 중국을 넘어 아시아 전체를 집어삼킬 기세였다. 1937년 중일전쟁 이후 일본군은 중국 내륙 깊숙이까지 전선을 넓혀 갔다. 일본군 폭격기의 공습은 중국 전역을 파괴했다. 일본군은 철도를 따라 거점을 확보하고, 화력을 주변 도시에 집중했다.

1941년에 태평양 전쟁이 일어났다. 미국이 전쟁에 참여하면서 전선은 아시아에서 태평양 전역으로 확대되었다. 일본과 미군이 전면전을 벌이기 시작했지만, 미군은 오래전부터 전쟁에 참여하고 있었다. 중국의 공군을 직접 지도했다. 미군의 전략부대도 충칭에서 멀지 않은 쿤밍에 자리 잡고 있었다.

아시아 전역이 전쟁터였다. 전선은 중국 내륙으로 옮겨 갔지만, 압록강을 끼고 있는 국경 지대는 여전히 위험했다. 독립군을 뒤쫓는 일본군은 삭주의 산골 마을을 뒤집어 놓곤 했다. 읍내도 살벌한 상태였다. 관공서는 수시로 독립군에게 습격당했고, 독립운동가를 잡기 위해 군경은 물론 밀정도 눈에 불을 켜고 다녔다. 광복군 군대가 중국에서 일본군과 전투를 벌이고 있다는 소식은 압록강을 타고 넘어왔다. 식민지 땅 어디도 평안할 수 없었다. 전선이 아닌 곳이 없었다.

장준하는 일본에 건너가기로 했다. 할아버지에게 인사를 올리고 선천에 들러 부모님을 뵙고, 정주의 노선삼에게 인사를 드렸다. 삭주, 선천, 정주는 장준하가 일본에 들어가고 돌아올 때 거치는 코스가 되었다. 김익준이 아무 걱정하지 말라 했지만, 전쟁 중이고, 그도 학생 처지인지라 유학 경비를 어느 정도 만들어 가야 했다. 노광근이 일부를 보탰다.

동양대학에 입학해 1년을 다니다 일본신학교로 전학했다. 일본에서의 생활은 만만치 않았다. 전쟁이 길어지면서 신학 공부에 집중하기도 어려웠다. 그래도 장준하는 쉬지 않고 활동을 이어갔다. 교포 어린이를 데리러 40킬로미터나 떨어진 다마치 항구의 판자촌을 찾아가곤 했다. 성경공부를 하고 찬송가를 불렀지만, 우리 동요와 역사도 가르쳤다. 매주 아이들을 데리고 와서 함께 공부하고 다시 아이들 손을 잡고 집에 데려다주는 일을 반복했다.

1943년이 되면서 전황은 일본에 불리해졌다. 4월에 일본인 대학생 징집명령을 내렸고, 10월에 '반도인 학도 특별 지원병제'를 만들어 4,500명에 달하는 조선인 대학생을 전쟁터로 끌고 가려 했다. 조선 지식인들의 친일 활동도 노골적이었다. 최남선, 이광수 등이 앞장서 일본까지 와서 유학생들에게 학병에 나가라고 선전하고 다녔다.

장준하도 어쩔 수 없이 강연회에 참석해야 했다. 강당 전면에는 '성전필승성스러운 전쟁에 나가 반드시 이기자', '타도미영미국과 영국을 물리치자'이라는 한자를 크게 쓴 플래카드가 길게 늘어져 있었다. 조선과 일본은 한 몸이니 대학생들이 모범을 보이자 했다. 앞장서서 학병이 되어 조국을 구하라고 열변을 토했다. 강연을 들은 대학생들 사이에서는 거친 욕이 쏟아져 나왔다.

"미친놈들."

"아무리 일본 놈들의 앞잡이가 되었기로 자식 같은 조선 청년을 보고 전쟁에 나가라니."

장준하는 '무거운 침묵'으로 고개를 푹 숙인 채 걷기만 했다. 그러다 깊은 한숨을 내쉬었다.

"나는 학병에 가야겠다."

다들 얼어붙었다. 대화가 이어졌다 끊어지곤 하다 뿔뿔이 각자의 집으로 돌아갔다.

전쟁을 피해 귀국하는 사람도 있고, 전쟁터에 나가기 위해 귀국해야 하는 사람도 있었다. 장준하가 다니던 일본신학교도 문을 닫아야 했다. 시간은 얼마 남지 않았다. 요츠야 언덕도 헐벗어 있었다. 바람은 습하고 차가웠다. 김용묵과 일본에서 함께한 시간도 마무리할 때가 되었다.

"학병에 나가는 것은 두렵지 않으나 그 전에 매듭을 지어야 할 일이 있어."

김용묵은 장준하의 침통한 얼굴을 보면서 그저 다음 말을 기다렸다. 매사 진지한 장준하가 이렇게 고심하는 일이 무얼까 궁금하기도 하고, 두렵기도 했다.

"용묵이 자네도 잘 알지 않나. 로사 말일세."

"아! 로사는 잘 지내고 있겠지. 바리스다 아주머니도 보고 싶군."

"내가 그이를 맡아야겠네."

장준하의 얼굴이 차갑게 굳어졌다. 언덕 아래에는 판자를 덧대 간신히 집 꼴을 하고 있는 판잣집들이 다닥다닥 붙어 있었다. 전쟁을 치르는 나라 국민은 누구나 어렵기는 매한가지였다. 선천 시절부터 보아 왔던 장준하의 성격을 잘 아는 김용묵은 말을 잇지 못했다. 무언가 결심을 하면 냉정하다 못해 얼음장같이 변하는 장준하의 태도였다.

"어떻게든 안정을 시켜 놓고 출정을 할 생각이야."

"그래, 준하는 꼭 해낼 수 있을 거야."

장준하가 일본에 온 뒤로 보성여고에 다니는 로사 김희숙과 서신을 주고받으며 정을 쌓아가는 걸 김용묵도 알고 있었다. 두 사람 관계가 남다르다고 생각했지만 결혼은 생각지도 못한 일이었다. 장준하를 누구보다 잘 알고 이해한다는 김용묵도 전쟁터에 나가겠다고 하는 사람이 결혼을 하겠다니 받아들이기 어려웠다.

김용묵도 장준하도 벼랑 끝에 몰려 있는 조국의 상황을 잘 알고 있었다. 일제는 시골에 있는 여성들을 잡아가느라 혈안이 되어 있었다. 보국대라는 이름으로 순사들이 면에서 배급을 주고, 딸을 나라에 바치라고 강요했다. 공장으로 보낸다고 했지만 결국 위안부로 삼아 전선으로 끌고 갔다.

목사인 아버지 장석인은 요시찰 대상자로 형사들이 뒤를 따라다녔다. 시골 처녀를 잡아가던 일제는 도시까지 영역을 확대했다. 누구도 안전을 보장할 수 없는 상황이었다. 장준하는 식민지 지식인이었고 장남이었다.

귀국하면 늘 들르던 정주 하숙집에서 장준하는 자기 생각을 밝혔다. 노선삼은 말없이 장준하의 의지를 듣기만 했다. 방 안을 떠도는 공기는 방향을 잃고 배회했다. 한참이 지나고서야 노선삼이 어렵게 입을 열었다.

"종교가 다른 걸 어떡하겠니? 종교가 먼저 해결돼야지."

"제가 다 설득하겠습니다."

장준하는 단호했다. 오래 고민하고 내린 결정이었다. 장준하는 할아버지 대부터 기독교를 받아들인 목사 집안이고 노선삼 가족은 천주교 신자였다. 종교가 들어온 지 100년이 채 안 됐지만 믿음도, 차이도 두텁고 강했다. 이 결혼은 반드시 성사시켜야 했다. 칼날 위에 올라서 있는 상황이었다. 고향에 가서도 펄쩍 뛰는 아버지를 기어코 설득시켰다. 호적을 파는 한이 있어도 결혼을 하겠다고, 10년 후에는 종교가 모두 하나가 될 수 있다고, 하느님을 믿는 사람들이 서로를 믿고 인정하지 않으면 안 된다고 설득했다.

결혼식은 소박하게 가족만 모여 치렀다. 반지도 없고, 신부는 검정 고무신을 신었다. 장석인이 주례를 섰다. 노선삼은 이 결혼으로 인해 1년간 성당 출입을 정지당했다.

일본군 학병에서 광복군이 되기까지

변방 중 변방인 삭주지만 독립군들이 압록강을 넘나드는 북방의 도시에서 학병으로 전쟁에 참여하는 일은 대단한 화젯거리였다. 친일 세력에게는 축복의 시간이었다. 나무 껍질을 벗겨 기름을 짜내는 형편에서도 관료와 유지로부터 축하한다는 플래카드와 선물이 연일 들어왔다. 장준하는 모두 쓸어 담아 아궁이에 집어넣어 버렸다. 완장도, '타스키'라는 멜빵도, 일장기의 머리끈도 불구덩이 속으로 들어갔다. 결혼 일주일 만에 장준하는 먼 길을 떠나야 했다.

정주역은 소란스러웠다. 장준하도 역으로 나갔지만 눈길을 주는 사람은 아무도 없었다. 학생복 차림의 장준하는 환송객 중 하나로 보였다. 일장기를 머리에 동여맨 학병 지원자들은 울긋불긋 요란하게 치장했다. 장준하는 아무 장식도 하지 않은 채 학병 지원자 틈으로 들어갔다.

기차는 평양역에 학병 지원자들을 쏟아 냈다. 조선인 대학생 200여 명을 기다린 곳은 대동강 건너편 사동에 있는 일본군 42부대였다. 점호가 끝나자 내무반에서 학생복을 군복으로 갈아입었다. 일본군이 되었다.

군사 훈련은 제식 훈련 같은 기초 훈련에 불과했다. 장준하는 말을 관리하는 병사가 되었다. 일은 고되지 않으나 한겨울 매서운 추위가 문제였다. 장갑이 지급되지 않아 맨손으로 말똥을 치우고, 말을 닦아 내자니 손이 얼어 터졌다. 격자 말굽 사이 흙을 일일이 찬물로 씻어 냈다. 전선으로 나가기 전에 거치는 훈련부대고, 일본군의 말이지만 장준하는 자신에게 맡겨진 일을 대충하고 넘어갈 수는 없었다. 동상에 걸렸다.

엄지손가락이 부어올랐다. 송곳으로 찌르는 듯한 통증이 수시로 온몸을 타고 흘렀다. 통증이 오는 간격이 빨라졌다. 일본군에 들어왔으니 벌이라 생각하기로 했다. 장준하는 손에 힘을 주었다.

5일째 되는 날 의무실을 찾았다. 통증을 참기도 어려웠지만 엄지손가락에 이상이 생기면 군대에 있을 수 없었다. 군의관은 마취도 없이 손가락을 벴다. 다섯 군데나 칼로 째는 동안 장준하는 이를 악물고 비명 한번 내지 않고 버텼다. 의무실은 온통 피투성이였다. 군의관은 이런 독종은 처음이라는 듯 혀를 찼지만 장준하는 꼼짝도 하지 않았다.

42부대의 학병들은 곧 중국 쉬저우로 배치된다는 소문이 돌았는데 현실이 되었다. 장준하는 불안한 마음을 씻을 수 있었다. 떠나기 전에 장준하는 부인에게 꼭 해야 할 말이 있었다. 면회를 기다렸다.

"곧 쉬저우라는 지역으로 이동한다고 해요. 멀리 떠난다 해서 상심하지 말고 몸 건강히 잘 지내고 있어야 하오. 잘 견디리라 믿소. 나는 중국에 가면 꼭 해야 할 일이 있소."

김희숙은 아무 말 없이 장준하의 말만 귀담아들었다. 평양으로 면회 오는 일도 운명으로 받아들여 담담할 수 있었다. 무거움이 슬픔을 짓누르고 있었다.

"내 쉬저우에서 편지를 보내리다. 그 편지 마지막 구절에 성경 구절이 있으면 내가 일본군을 탈출한 줄 아시오. 독립군이 되어 나라를 찾고 반드시 살아 돌아오겠소."

김희숙은 얼굴이 백지장처럼 하얗게 얼어붙었다.

쉬저우까지는 기차로 4일 밤낮을 가야 했다. 기차는 고향을 스쳐 지나가, 압록강 철로를 넘어 경봉선, 번산선, 경산선을 달려 천진에 도착해서는 다시 진포선을 타고 달렸다. 쉬저우의 추위는 매서웠다. 동서남북을 연결하는 간선 철도의 교차지고 농산물의 집산지인 쉬저우는 일본군 주력 부대가 결집해 있는 군사 요충지였다. 신병들은 대대급 보충대에서 훈련을 다시 받았다. 훈련 시간 틈틈이 지형을 익히고, 감시 초소를 살폈다. 허술했다. 그런데 갑자기 신병 전체가 츠카다 부대로 이동했다. 보충대에서 학병 탈주 사건이 일어났기 때문이었다.

츠카다 부대는 단 한 명의 탈주병만 있는 모범부대였다. 학병들을 쉴 새 없이 몰아쳤다. 훈련만 혹독한 게 아니라 조선인 학병을 죄인 다루듯 했다.

전쟁은 철조망 밖과 안을 구분 짓지 않았다. 의심은 노골적이었다. 일본 병사들은 감시병 역할을 했다. 장준하는 하루하루 피 말리는 시간을 보내야 했다. 부대가 언제 이동할지 알 수 없었다. 중국과 전쟁에서 고전을 면치 못해, 중국 남쪽이나 동남아시아 쪽 전선으로 옮겨 가게 되면 낭패였다.

장준하는 고된 훈련도 힘들지 않았다. 이곳이 꿈을 이루어 줄 땅이었다. 취사반에서 일하며 일본군 교관들을 통해서 정보를 얻어야 했다. 부대에서 약 50킬로미터 떨어진 곳에 중국군 부대가 있다는 것도 알아낼 수 있었다. 함께 탈주할 동지들도 확보했다. 이제 결정의 시간이 가까워지고 있다.

고향에 편지를 보낼 시간이 왔다. 앞으로 고향의 어린 부인도, 부모님과 할아버지 모두 고통의 시간을 견뎌 내야 했다. 한없이 가라앉았다. 크게 숨을 쉬고 마음을 가다듬었다. 일부러

엽서를 골랐다. 짤막하게 안부만 묻고 그 끝에 로마서 9장 3절을 적었다.

"나의 형제 곧 골육의 친척을 위하여 나 자신이 저주를 받아 그리스도에게서 끊어질지라도 원하는 바로다."

'하느님께서 내게 길을 열어 주실 거야.'

장준하는 아무도 모르게 고개를 숙여 기도를 드렸다. 마침 중일전쟁이 벌어진 지 7년이 되는 날이었다. 일본군은 7월 7일을 전승기념일이라 해서 국경일로 삼았다. 천황이 하사한 물건이 부대에 도착하자, 부대는 잔치 분위기에 젖어 들었다. 술과 담배, 음식이 넘쳐났다. 초저녁부터 군가를 부르는 막사도 있고, 기미가요 노랫소리가 들려오기도 했다. 술을 안 하는 장준하는 이것저것 심부름을 하면서 상황을 살폈다. 탈주를 결의한 동지들 곁을 지나가며 준비하라고 신호를 보냈다. 기회가 왔다. 병사들은 술에 취해 제대로 몸도 가누지 못했다. 막사는 점호가 불가능한 상태였다. 주번 사관이 큰 인심을 쓰듯이 호기롭게 소리쳤다.

"오늘 저녁 야간 학습은 없다. 15분 내로 목욕을 마치고 취침하도록! 점호 끝."

심장이 터지도록 뛰었다. 9시 10분. 대열은 무질서하게 흩어지면서 곳곳에서 술판이 벌어졌다. 비밀리에 꾸려 놓은 행장을 목욕 대야에 넣고, 내무반 밖으로 나왔다. 어슬렁거리며 눈치를 보다 슬그머니 반대쪽 변소 뒤로 몸을 숨겼다.

별이 차갑게 빛났다. 각자 5분 안에 철조망을 넘어야 했다. 캄캄한 밤이 깔린 보초와 보초 사이를 지나 외등 빛이 가장 약한 지점을 향해 포복했다. 두꺼비처럼 배를 깔고 기어갔다. 조금씩 조금씩 앞으로 옮겨 가, 대야를 버리고 행장을 허리에 묶었다. 시간이 몇 분이나 흘렀을까.

철조망을 조심스레 흔들어 보았다. 소리가 나지는 않았다. 술에 취한 노랫가락이 철조망이 내는 소리를 감춰 줄 수 있을 듯했다. 심호흡을 하고 두 손으로 철조망을 잡고는 턱걸이하듯이 몸을 솟구쳤다. 몸이 날아올랐다. 발을 걸었다. 바람이 느껴졌다.

'성공인가?'

호흡이 가빠지며 스스로 물었다. 몸이 방공호를 넘어 둔덕에 매달려 있었다. 어디선가 털썩 소리가 들려왔다. 누군가 성공한 동지가 있었다. 장준하는 벽차올랐다. 이제 시작이다. 뛰어라. 약속한 장소인 느티나무 아래에는 이미 세 동지가 도착해 있었다. 김영록, 홍석훈, 윤경빈이었다. 서로 어깨를 감싸 안고는 정면에 우뚝 버티고 선 석산을 향했다. 아무것도 보이지 않은 산을 기어올랐다. 미끄러지면 다시 오르고, 돌부리에 채고, 나뭇가지에 뺨이 긁혀도 손에 잡히는 것은 무엇이든 잡고, 용을 쓰며 기어올랐다. 주어진 시간은 길어야 40분 내지 50분이다. 그 안에 이 산을 넘어야 했다.

"아직 눈치채지 못했나 보오."

산 위에서 내려다보이는 병영의 불빛은 평온했다. 밤안개가 가득 차올라 부대는 술기운에 취해 가물거렸다. 방향을 잘 잡아야 했다. 반대편 산기슭 바위틈에서 군복 상의를 벗어 빛을 가리고 성냥불을 켜 나침반을 확인했다. 산 아래를 향해 구르듯 달려 내려갔다. 이렇게 한없이 달려가면 새로운 세상이 열릴 것만 같았는데, 운하가 가로질러 흐르고 있었다. 깊이가 얼마나 되는지 알 수도 없었다. 북극성도 구름에 가려 사라져 버렸다. 주저할 틈도 없이 윤경빈이 물속으로 뛰어들었다. 가슴께까지 물이 차올랐다. 뒤따라 뛰어들어 강을 건너 동북방 방향으로 어림잡아 달려갔다.

중국 들판은 한없이 넓었다. 수수밭, 조밭, 감자밭 등이 이어진 초원은 며칠을 걸어도 끝이 보이지 않았다. 네 명의 탈주병은 어둠 속에서 방향을 잃고, 앞으로만 헤쳐나갔다. 어느 틈엔가 서로의 모습이 느껴지더니 윤곽이 확연해졌다. 날이 밝아왔다. 이제는 드러내 놓고 움직일 수 없었다. 은신처를 찾아 숨기로 했다. 하지만 끝도 없는 조밭 한가운데서 별다른 수가 없었다. 바닥에 누웠다. 다들 눕자마자 곯아떨어졌다. 장준하는 마음이 놓이지 않아 잠을 잘 수 없었다. 주위의 조 포기를 뽑아 일행의 몸을 임시로 가려 주고는 자신도 덮었다. 흙냄새가 느껴지자 한없이 땅속으로 빠져들어 갔다.

햇빛은 강렬했다. 구름은 사라진 지 오래였다. 대지를 태울 것 같은 태양 빛은 초원을 질식시키고 있었다. 장준하는 움직이지 못하고 눈을 뜬 채였다. 자동차 경적이 들린 듯했다. 소름이 머리끝에서 발끝까지 짜르르 흘렀다. 일본군이 농민들을 앞세워 들쑤시고 다니는 게 분명했다. 지금은 죽은 듯이 몸을 숨기고 있어야 했다. 위장막을 한 겹 더 덮어 주고 장준하는 다시 누웠다. 자동차 소리가 들려오더니 사람들 인기척이 가까워지고 있었다. 장준하는 눈을 감았다.

"이제 그만! 아무도 없다!"

바람이 서늘해지자 곧 해가 졌다. 수숫대를 씹으며 걷기 시작했다. 입안이 갈라졌다. 쓰라림이 공포를 줄여 주는 걸까. 쉬저우의 일본군도 중국 땅 깊숙한 곳으로 숨어든 네 명의 탈주병을 찾기는 쉽지 않았다. 어스름 별빛에 의존해 끝이 없는 조, 수수, 옥수수밭 속을 한없이 걷고 또 걸었다.

밤에는 걷고 해가 뜨면 밭 사이에 숨어들기를 반복했다. 며칠을 걸었을까, 굶주림에 더 이상 움직일 수 없었다. 해가 떠오르면서 조밭은 끓어올랐다. 바짝 마른 흙에서는 타다 남은 재 냄새가 났다. 목이 타들어 갔다. 깜빡 졸다 눈뜨기를 반복했다. 고향 집과 들녘, 산 아래 흐르는 강이 떠오르다 사라지곤 했다. 새벽은 빛보다 소리로 먼저 다가왔다. 동이 채 터오기도 전에 기적 소리가 들려왔다. 다들 깜짝 놀라 벌떡 일어나 앉았다. 분명 츠카다 부대에서 들은 정보로는 기차가 있을 수 없는데. 철로가 가까이 지나간다는 것은 아직 일본군이 장악한 지역을 벗어난 게 아니라는 뜻이었다. 부대 근처를 빙빙 돈 게 분명했다. 다급해졌다. 다들 걸음을 옮겼다.

마을은 멀지 않았다. 어찌 되었든 마을까지는 가야 했다. 조금 걷자 길가에서 새참을 먹는 농부들이 눈에 들어왔다. 그들도, 장준하 일행도 놀라지 않았다. 자신들은 그렇다 치더라도 농부들은 의외였다. 전쟁이 치열해지면서 중국군, 일본군 양쪽에서 들고나니 군인들 모습에 익숙해져 있었다. 어느 쪽도 반가울 리가 없지만 어느 쪽도 가볍게 대할 수는 없었다.

탈주 학병들은 이미 새벽에 개똥을 주우러 나왔던 부지런한 농부와 마주쳤던 상황이었다. 일본 군복을 본 농부가 달아나 아무 정보도 얻지 못했지만, 일본군 부대에 신고했으면 빠져나갈 방법이 없었다. 숨지 않기로 했다. 농부들은 인심이 후했다.

먹던 밥과 차를 모두 내놓았다. 필담을 통해 중국군 부대의 위치를 알아냈다. 이제 살길이 열렸다. 밭 사이를 가로질러 마을을 지나쳐 갔다. 모퉁이를 돌아서자 텅 빈 오솔길에서 사람들이 내려오고 있었다. 그들은 뭐라 소리를 지르며 손짓을 했다. 위험했다.

"탕!"

총소리가 외진 산골 마을을 흔들어댔다. 장준하와 일행은 몸을 날려 수수밭으로 뛰어들었다. 정신없이 달렸다. 총소리가 빗발치고 귓가의 바람을 가르는 듯했다. 살아야 했다. 강이 앞을 가로막았다. '이렇게 끝이 나는 건가.'

"워이! 워이!"

누군가 강을 향해 소리를 쳤다. 배가 지나가다 미끄러지듯 다가왔다. 무작정 올라타자 사공도 총소리를 들었는지 급하게 노를 저었다. 허둥지둥 뛰어내려 갈대밭으로 숨어들었다. 강을 건넜지만, 이곳은 그들의 땅이었다. 쫓는 자들도 집요했다. 소리가 차츰 가까워지고 있었다. 다리 힘이 풀리는 게 느껴졌다. 포위망을 벗어날 수 없었다.

길가로 나가 그 자리에 벌렁 누웠다. 햇빛이 그림자에 가려지더니 독일제 권총이 눈앞에 들어왔다. 허망했다. 독립군의 꿈은 사흘을 버티지 못했다.

반은 허물어져 간신히 골격을 유지하고 있는 농가에서 한동안 머물다 어디론가 이동했다. 죽음이 목전에 있었지만 당당하고 싶었다. 자신들을 묶고 가는 이들이 일본군 앞잡이인지 비적인지 알 수조차 없는 게 답답했다. 포로인지 아닌지 알 수 없는 상태로 끌려가면서도 대화를 시도했다. 잠시 쉬는 동안 땅에 한자로 탈주병이라 썼다. 그들의 얼굴이 밝아졌다. 일본군과 게릴라전을 벌이는 유격대라고 했다. 중국군 부대까지는 하루 낮 동안을 걸어야 했다.

"조선 사람입니까?"

분명 우리말이었다. 맥이 풀렸다.

"그렇습니다."

"탈주병입니까?"

"네."

중국군 복장의 병사는 눈물이 그렁그렁한 채 다가와 와락 껴안았다. 김준엽이었다. 김준엽은 츠카다 부대의 탈주 1호 학병이었다. 그는 이미 중국군 유격대원으로 전투에도 참여했고 선전 활동을 벌여 왔다. 중국군 유격부대 한즈룽 장군의 신뢰를 받았다.

김준엽은 중국말이 가능했다. 덕분에 탈주병도 손님 대접을 받았다. 푸짐한 저녁상도 받고, 밤새 자유롭게 대화를 나눌 수도 있었다. 신의주가 고향인 김준엽과 삭주가 고향인 장준하는 한동네 이웃이나 다름없었다. 두 살 위인 장준하가 형이 되었다.

"장형, 내 다녀오리다. 며칠 안 걸릴 테니 너무 걱정하지 말아요."

"무슨 일이오? 전투를 나가는 게요?"

"그건 아닌 듯한데. 다녀와서 얘기하리다."

다음 날 새벽이 되자 부대가 부산스러웠다. 한즈룽은 김준엽과 유격대원 몇 명만 추려서 직접 일본군 부대를 향해 떠났다. 김준엽이 중국군 부대에 들어와 말 타는 법을 배웠는데 요긴하게 써먹을 수 있게 되었다. 들판을 가로질러 일본군 부대 앞으로 달려갔다. 언제 어디에서 총탄이 쏟아질지 몰랐다. 한즈룽은 태연했다.

일본군이 협상을 요구해 왔다. 중국군 포로 30명과 탈주병 네 명을 교환하자는 요구였다. 김준엽은 일본군이 두려워하는 게 뭔지 알 수 있었다. 식민지 학병은 일본에 충성을 다하는 지식인이어야 했다. 두려움은 물처럼 스며들어 전염되게 마련이었다. 알아도 할 수 있는 일은 없었다. 한즈룽은 거절했다.

중국군에게 조선인 탈주병이 자국 포로보다 중요할 수는 없었다. 더군다나 30명과 네 명이었다. 한즈룽의 결정은 상식 밖이었다. 탈주 학병이 중국군 유격대장이 겪었을 인간적 고뇌를 이해하기 어려운, 이곳은 삶과 죽음이 말 한마디에 오고가는 전쟁터였다.

새벽 2시 비상이 걸렸다. 유격대가 이동했다. 일본군이 무슨 일을 벌일지 알 수 없어 급하게 부대 위치를 바꾼다 했다. 캄캄한 밤, 아무 소리도 내지 않고 은밀하게 빠져나갔다.

'이것이 유격대구나.'

나뭇가지를 잡고 더듬거리며 바위를 타고 넘고, 끝없는 수수밭을 대열 앞 사람만 보고 좇아야 했다. 닷새를 걸었다. 마침내 사령부에 도착하자 긴장을 풀고 긴 잠을 잘 수 있었다.

"다들 나갑시다."

장준하가 네 동지를 깨우며 서둘렀다. 아침 해가 붉었다. 사령부 앞에는 큰 강이 흐르고 있었다. 불로하不老何, 일 년 내내 마르지 않는 강이라는 뜻이다. 누구랄 것도 없이 모두 옷을 훌훌 벗고 뛰어들었다. 물은 그리 차갑지도 깊지도 않았다. 유유히 흐르는 강물에 식민지 청년의 고뇌와 아픔을 씻어 내고 싶었다. 몸과 마음을 깨끗이 하고 싶었다. 강물은 말없이 흐르고, 햇살은 눈부시게 아름다웠다.

다섯 탈주병은 중국 군복을 입고는 조국이 있는 방향을 향해 일렬로 섰다. 고개 숙여 크게 절을 올렸다.

"동해물과 백두산이……."

장준하의 선창에 다 함께 애국가를 불렀다. 물기에 젖은 애국가는 노래인지 울음소리인지 알 수 없게 뒤엉켜 낯선 중국 땅, 부서지는 물살을 거슬러 울려 퍼졌다. 2절을 다 끝내지 못하고 목이 막혔다.

"애국가야 흘러 흘러 황해로 흘러다오."

다시 애국가가 이어졌다. 다섯 청년의 목소리는 후렴구에서 하나가 되어 합쳐졌다. 중국의 아침이 빛났다. 다들 아무 말 없이 서서 한동안 강물만 바라보았다. 장엄한 시간, 오늘은 어제와 다른 날이다.

6,000리 장정,
임시정부를 향해

전투가 없는 전선은 그저 시골 마을이나 다름없었다. 농부는 해 뜨기가 무섭게 밭에 나가고 한낮에는 동네 개들도 지쳐 그늘에 누웠다. 중국군 유격대에서 지낸 지 열흘이 흘렀다. 새벽, 갑자기 포탄이 쏟아졌다. 다들 정신없이 달아나기 바빴다. 부대 안으로 쏟아지는 포탄을 피해 장준하는 꼭 필요한 장비를 챙겨 배낭을 메고 숲으로 달려갔다. 부대는 이미 텅 빈 상태였다. 불로하 강변 갈대숲으로 숨어 들어가자 김준엽과 동지들이 기다리고 있었다. 전진 배치되었던 유격대원과 탈주 학병들은 산길을 크게 돌아 본대를 찾아갔다. 본대에서는 여전히 전투 중이었다. 밤을 꼬박 새우고 해가 솟고 나서야 잠시 소강상태가 됐다. 한시름 돌릴 수 있었다. 부대 쑨 참모가 기습해 온 부대의 정체를 확인하러 나갔다 놀라운 소식을 전해 왔다. 일본군이 아니었다. 신4군이라 했다. 이 전투에서 한즈룽이 사망했다.

신4군은 중국 공산군 부대 이름이었다. 중국 정부군과 공산군은 사실상 내전 상태였다. 일본군의 침략을 받고도 동족끼리 전투를 벌이는 현실을 이해할 수 없었다. 독립에 우선하는 게 있다는 사실이 놀라웠다. 일본군 앞에서 유격대를 공격한 중공군에 반감이 깊게 새겨졌다. 초조했다. 조국 독립의 꿈은 중국군 부대에서 실현할 수 없다는 게 분명해졌다. 더 이상 머물 이유가 없었다. 중국 내부 문제에 끼어들고 싶지 않았다. 장준하의 생각에 다들 동의했다. 유격부대를 떠나 광복군 부대를 찾아가기로 했다. 일행은 김준엽을 포함해 다섯 명이 되었다. 유격대 간부들은 아쉬워하며 부대 밖까지 나와 전송했다.

"충칭까지는 6,000리서울에서 부산까지 거리의 5배 정도 길이오. 곳곳에 위험이 도사리고 있소. 일본군, 중공군도 있지만 곳곳에 비적들이 무리를 이루고 있으니 조심해야 하오. 사방이 적이지만 우리가 길을 잡아 줄 테니 너무 걱정하지 않아도 되오."

부대에서 파견한 안내원은 충칭에 있는 임시정부까지 안전을 보장해 달라는 서류를 가지고 있었다. 자신의 부대에서 다음 부대까지 안내하고 인계하는 방식으로 길을 잡아 나갔다. 부대에서 부대까지는 보통 일주일 내외로 걸렸다. 안내인은 지리에 능통해 별다른 장애가 없었다. 밤낮을 가리지 않고 걸었다.

진포선 철도를 12킬로미터 앞두고 농가로 들어가 머물렀다.

철도를 횡단해 건너는 길밖에 없었다. 일본군 초소를 통과해야 하는 위험천만한 일이었다. 일본군은 어마어마한 중국 땅을 다 장악할 수 없었다. 대도시와 주요 거점 성을 장악하고 도시에서 도시를 연결하는 철도와 도로만 점령하고 있었다. 일본군은 철도를 따라 전투를 벌이며 점령지를 넓혀 갔다. 철도는 대포와 같은 무기와 병력을 실어 나르는 보급로이자 생명줄이었다. 곳곳에 초소를 세워 통행자들을 깐깐하게 살폈다. 장날을 기다려 사흘을 쉬기로 했다. 안내인은 낡은 농부복과 밀짚모자, 중국식 지게, 헤진 자루와 망태 등을 한 짐 지고 왔다.

장이 열리기 전날, 밤을 타고 철도 근처 유격대의 연락 장소인 농가에 도착했다. 날이 새기를 기다렸다. 허름한 옷을 입고 밀짚모자를 쓴 모습은 영락없이 장에 물건을 팔러 가는 농부였다. 장꾼이 가장 많이 몰리는 시간에 맞춰 이동하기로 했다. 두세 명씩 나눠서 중국인 장꾼들 틈에 끼어 건너야 했다.

장꾼들이 몰려서 걷고 있었다. 말없이 걸었다. 큰길에 들어서자 일본군 초소가 눈에 들어왔다. 중국식 지게가 자꾸 흘러내렸다. 몸이 오그라들어 걸음걸이가 굳는 듯했다. 일본군이 총에 착검을 한 채 서 있었다. 목이 말랐다.

철로를 건너자 내리막길이었다. 다리가 풀려 휘청거렸다. 약속한 느티나무에는 먼저 건너온 동지들이 기다리고 있었다. 전신에서 땀이 흘러내렸다. 주저앉고만 싶었다. 마지막으로 김준엽이 건너왔다. 마침내 일본군의 감시를 뚫고 진포선을 넘었다. 큰 고비를 넘겼다. 장은 크지 않았지만 풍족했다. 아침을 먹고는 길을 잡아 떠났다. 장꾼들 짐은 모두 놓고 가기로 했다. 주막도 유격대의 거점인 듯했다.

푸른 벌판으로 스며들 듯 걷고 또 걸었다. 끝이 보이지 않았다. 가도 가도 푸른색이었다. 걷다가 원두막이 나오면 쉬어갔다. 수박이 한창이었다. 수박은 배탈이 나지 않고, 배도 차지 않아 생명수 역할을 했다. 길은 끝이 없이 펼쳐진 밭 사이에 가늘게 이어졌다. 지평선 너머로도 작은 산조차 보이지 않았다. 오직 밭뿐이었다. 옷은 땀에 절어 헤지고, 더러워졌다. 농부 차림으로 행군하다 보니 거지꼴이 다 됐다. 아무런 느낌도 없어질 즈음에 새로운 부대가 나타났다.

이곳 부대는 달랐다. 그들에게는 귀찮은 일일 뿐이었다. 유격대의 서류는 부대를 거치고 거치면서 빛을 잃어 갔다. 중국군은 난데없이 힘든 임무를 맡아 마지못해 동행했다. 농부 차림의 일행에게 군복도 신발도 지원하지 않았다. 노골적으로 불쾌한 감정을 드러내기도 했다. 끝끝내 참아야 했다. 이들의 안내를 받지 않으면 사방이 전쟁터인 중국 내륙 깊숙한 곳에서 길을 잡아 갈 수 없었다. 중국인 마을을 지날 때면 아이, 어른 할 것 없이 쏟아져 나왔다. 일본군 포로를 구경하느라 야단법석이었다. 안내병들은 전투에서 승리해 포로를 끌고 가는 것처럼 뽐내며 행패를 부려댔다. 밤이 와야 오직 별빛만을 의지해 걸을 수 있었다.

린촨이 가까워지자 중국군 안내원들의 기세도 누그러들었다. 린촨에서 이틀 거리인 안후이성 궈양의 유격부대에서 하룻밤 머물면서 뜻밖의 소식을 들었다. 린촨에 중국군 군관학교 분교가 있고, 그곳에 한국광복군특별훈련반한광반이 있다고 했다. 흥분은 밤이 새도록 가라앉지 않았다.

새벽에 길을 나섰다. 누가 시키지 않았지만 발걸음이 빨라졌다. 부대를 찾아 앞장서서 뛰다시피 걸어, 안내원이 뒤따라오느라 진땀을 흘렸다. 독립군이 되겠다는 꿈이 눈앞에 다가왔다. 이틀 길을 하루 만에 걸어 중앙군관학교 린촨분교 앞에 멈춰 섰다. 시간이 정지된 듯했다. 안내원이 부대 안으로 서류를 들고 들어갔다. 갑자기 '와' 하는 함성이 들려왔다. 누런 먼지를 일으키며 부대 앞으로 중국군 군복을 입은 병사들이 쏟아져 나왔다.

"얼마나 고생이 많았소?"

"동지들 잘 왔소."

광복군 훈련병들이 몰려나와 서로 껴안고 눈물을 흘렸다. 중국 내륙에 조국의 병사가 이렇게 많이 있다니, 입이 다물어지지 않았다. 군관학교는 중국군, 한국군 가릴 것 없이 흥분으로 가득했다. 훈련반에는 일본군에서 탈주한 학병도 있었고, 중국군에 속해 있다 광복군 선전물을 보고 이곳에 찾아온 병사도 있었다. 장준하가 탈주한 후에 츠카다 부대를 탈출한 학병들도 이곳에 있었다. 그들은 곧바로 충칭을 향해 길을 잡아 먼저 올 수 있었다고 했다.

다섯 명은 새로 지급된 군복으로 갈아입고 훈련병으로 대한민국 광복군 제3지대 한광반에 소속됐다. 지대장은 김학규 장군이었다. 지대장의 한국독립운동사 강좌를 시작으로 훈련병 생활이 시작됐다. 항일 군사학교, 신흥무관학교 출신 지대장이 들려주는 강의는 장준하와 동지들을 긴장 속으로 몰아갔다. 전설처럼 들으며 자랐던 압록강 너머 포 소리 주인공의 독립투쟁 역사는 살아 있는 신화였다. 김구 주석의 역정, 상하이 임시정부 시절의 투쟁과 목숨을 건 도피, 윤봉길의 훙커우 공원 폭탄 의거에 손뼉을 치고 눈물을 흘렸다. 장준하가 태어나기 전부터 오늘에 이르기까지 선배들의 전사는 몇 번을 반복해서 들어도 몸서리치게 뜨거웠다.

전쟁은 끝을 향하지 않았다. 땅은 한없이 넓고, 시간은 무한정 흘렀다. 중국 내륙은 깊은 늪이었다. 일본군은 앞으로 나아가지도, 뒤로 빠지지도 못했다. 폭격을 퍼붓고 퍼부어도, 잔혹하게 학살을 해도 중국군이 계속 앞을 가로막았다. 어디에 유격대가 있는지 알 수 없었다. 전투는 중국 전역에서 벌어졌다.

조국을 떠나 남의 나라에서 벌이는 무장항쟁의 길은 정규군의 전투와는 달랐다. 인원도 적고 무기도 부족했다. 일본군의 화력은 가공할 만했다. 오키나와에서 출격한 비행기는 중국 전역에 폭탄을 퍼부었다. 독립군은 중국 내 일본 시설을 습격하거나 요인을 암살하는 데 주력했다. 암살과 게릴라전을 벌이고 나면 끝없는 피신과 잠행의 시간이 지속됐다. 전쟁이 길어지면서 독립운동가들은 늙고 병들었다. 일제에 체포되어 옥사하기도 하고, 전투에서 목숨을 잃기도 했다. 중국군을 따라 망명정부를 옮겨 갔다. 자금을 마련하는 일은 성공보다 실패가 많았고, 식민지 조국에서의 지원도 끊긴 지 오래였다.

생과 사의 경계선에서 근근이 버티면서 전쟁을 준비해야 했다. 윤봉길 의거 이후 중국이 임시정부에 크게 호의를 보여 중국군의 일원으로 항일전을 이어갔다. 임시정부의 광복군은 1944년에야 비로소 중국군에서 나와 대한민국 군대로 독립할 수 있었다. 중국 전역에서 조국의 해방을 꿈꾸며 중국군에 속해 있거나, 학병으로 끌려온 조국의 청년들을 모으는 일이 무엇보다 중요했다. 10여 명의 병력을 이끌고 선전 활동을 벌이는 일이 광복군 제3지대의 주요한 역할이었다.

한광반의 하루는 단조로웠다. 6시에 일어나 중국 교관이 지도하는 제식 훈련을 한 시간 하고 아침 식사를 했다. 호떡 한 개와 무나 배춧국이 전부였다. 광복군에 들어간 기쁨은 오래가지 않았다. 중국군은 총을 들고 실전 대비 훈련을 했지만 한국군에게는 총이 지급되지 않았다. 중국군의 실탄 사격 훈련을 지켜보기만 해야 했다. 감동은 허약한 현실 앞에서 무기력했다.

긴장이 풀려서 그런지 근육이 쑤셔 오는 게 몸이 먼저 반응했다. 학병들은 스스로 공부하고, 단련해 나가자 했다. 주제를 정해서 서로 강의하고, 토론하기로 했다. 군에 들어오기 전에 모두 각자의 전공 분야가 있었기 때문에 주제는 다양했다. 내용도 충실했다. 부대원들 호응이 크자 의욕이 생겼다. 강의 결과물을 책으로 만들어 내자고 했다. 우리글로 된 책을 우리 손으로 만들어 읽고 싶었다. 광복군은 교양을 갖춘 지식인이어야 하고, 식민지 조국의 빛이 되어야 했다. 일본군은 물론 중국군과도 달라야 했다. 장준하는 문학 작품과 삽화를 포함해 아예 잡지를 만들기로 했다.

잡지를 만들겠다는 계획은 무모했다. 잉크나 펜은 물론 매일 뒤를 닦을 휴지도 없어 나뭇잎으로 해결하는 처지에 종이를 어디에서 구할 수 있을까 막막했다. 우선 학교 당국을 설득하기로 했다. 불가능을 가능하게 만드는 기운이 있는지, 일이 되려는지 학교에서 요구를 받아들였다. 흙으로 된 막사지만 교실 하나를 얻어 편집실로 썼다. 어렵사리 구한 귀한 종이에 붓으로 직접 써 내려갔다. 김준엽이 속옷을 빨아 빳빳하게 다려서 내놓아 표지를 만들 수 있었다. 《등불》 1호가 탄생했다. 장준하와 잡지의 인연이 시작됐다. 《등불》을 읽기 위해서는 차례를 기다려야 했다. 탈출 일화나 에피소드, 구사일생으로 살아난 이야기를 수필로 썼고, 윤재현의 단편소설도 있었다.

장준하는 린촨분교에서 훈련을 마치고 중국군 육군 소위로 임관했다. 졸업식 전날 그동안 준비했던 연극을 무대에 올렸고, 큰 박수를 받았다. 《등불》도 2호를 낼 수 있었다.

제3지대원은 전선에서 일본군의 사기를 떨어뜨리고, 학병의 탈주를 부추기는 선전 작업이 중심 과업이었다. 광복군 대원을 모으는 일이 중요했지만, 더 큰일을 하고 싶었다. 일본 유학 생활을 접고 학병으로 일본군이 돼, 기어코 탈주해서 찾고자 했던 것이 무엇인가. 직접 자신의 눈으로 임시정부를 보고, 주석의 지휘를 받아 광복군으로 전투에 나서고 싶었다. 김학규 장군은 제3지대에 남아 주길 바랐지만, 장준하의 신념을 실현할 마당은 이곳이 아니라 임시정부를 통해서였다. 충칭에 있는 임시정부로 가야 했다. 장준하는 다시 길을 나서기로 했다. 나라를 되찾고, 나라를 세우고자 했다. 장준하의 결심에 김준엽과 동지들이 함께했다.

추위가 몰려오고 있었다. 다들 말렸다. 겨울을 나고 따뜻해지면 이동하라고 했다. 겨울 추위를 이겨 내기도 어렵지만, 화적떼를 만나면 생명을 부지하지 어려웠다. 중국의 겨울은 매섭고, 중국 땅 어디나 위험이 도사리고 있었지만 마음을 돌리지는 못했다. 말리는 동료들을 뒤로하고 강행했다. 쉰세 명이 출발했다. 탈출 학병은 스물다섯 명이었다. 제3지대 대원 열다섯 명이 장정에 함께했고, 정보 활동을 하다 신분이 노출된 여성 공작원 두 명, 광복군 가족과 한인교포도 포함되었다. 김학규 장군은 경험이 많고 중국 지리에 밝은 진경성 교관을 책임자로 인솔하게 했다. 장준하가 길잡이에 취사반장 역할까지 자원해 맡았다.

120킬로미터 길을 걸어 난양으로 향했다. 선발대는 마을을 만나면 먼저 들어가 하룻밤을 보낼 곳을 만들었다. 밀짚을 깔아 냉기를 막았다. 바람을 막아 주는 흙벽으로 된 방을 구하는 행운을 얻기도 했다. 산을 넘기도 했고, 강을 건넜다. 북동풍은 거세고 날카로웠다. 대륙의 바람을 맞기에 여름용 청색 중국 군복은 얇았다. 바람은 흙먼지를 가득 머금고 얼굴을 할퀴었다. 고개를 숙이고 한 발씩 걸음을 내디뎌야 했다.

난양에서는 며칠째 진눈깨비와 비가 섞여 내렸다. 비는 길을 가로막았다. 보급품을 받아야 움직일 수가 있으니, 기다릴 수밖에 없었다. 농가의 헛간에 짚을 깔았다. 밀짚은 눅눅했다. 중국군 난양전구사령부와 교섭하는 동안 한없이 기다려야 했다. 비는 계속 내리고, 사람들은 피부병에 시달려야 했다. 2주를 보내고 나서야 밀가루와 솜을 넣어 누빈 동복 군복과 외투를 받을 수 있었다. 중국군 신분이어서 보급품을 받을 수 있었다.

다시 충칭을 향해 행군을 시작했다. 수레에 밀가루와 짐을 싣고 걷는 걸음은 더뎠다. 걷고 또 걷는 길은 하염없었고, 다들 지쳐 갔다. 한겨울인데도 이가 극성을 부렸다. 옷을 갈아입을 수 없으니 길을 멈추고 쉴 때마다 옷을 벗어 훌훌 털어 대는 게 일이었다. 겨울 솜옷은 바늘로 누비는데, 그 틈새로 이가 들어가 있어 아무리 털어도 모두 해결할 수 없었다. 하얗게 눈처럼 날리는 이를 털어 내고는 다시 길을 걸어야 했다. 찬바람은 외투와 동복이 막아 준다 해도 짚신은 해질 대로 해져서 맨발에 얼음이 박혔다. 중국군도 군화를 지급하지는 못했다. 짚신을 신고 겨울을 나야 했다.

마침내 중국군 5전구사령부가 있는 라오허커우에 도착했다. 이곳에는 광복군 파견분대가 있었다. 분견대장과 대원 두 명이 전부였지만 독립군 부대에 합류했다는 것만으로도 감동이었다.

오래전 절이었던 숙소 뒤로는 한수 강이 흘렀고, 강 건너편으로 중국군 부대가 한눈에 내려다보였다.

그날 밤 오랜 피로에 단잠을 자다 공습경보에 화들짝 놀라 허둥지둥 강가 절벽 아래로 몸을 숨겼다. 일본군 비행기가 하늘을 돌다가 폭격을 했다. 강변은 불바다가 되었다. 다음 날 밤에도 공습은 이어졌고, 중국군 비행기가 일본군 비행기를 공격하는 모습도 눈에 들어왔다. 전쟁 한복판에 들어와 있었다.

라오허커우를 중심으로 중국군과 일본군 대부대가 전선을 형성하고 있었다. 곳곳에서 치열한 전투가 벌어졌고, 일본군 폭격기의 공습도 계속됐다. 중국군의 반격도 거셌다. 중국과 미국의 연합 공군부대가 있는 라오허커우 비행장은 상하이, 난징, 우한, 평한선 철도를 폭격하는 거점이기도 했다.

장준하 일행은 라오허커우에서 단단히 준비해야 했다. 충칭으로 가려면 새도 넘지 못한다는 파촉령을 넘어야 했다. 앞으로 충칭까지 보급 지원을 받을 부대가 없었다. 겨울 군복과 군화 등 채비를 확실히 하지 않으면 더 이상 길을 헤쳐나갈 수 없었다. 식량은 물론이고 돈도 필요했다. 산속에서는 밥을 지어 먹을 수 없었다.

협상 대표로 중국말이 능통한 김준엽을 세웠다. 5전구사령부 중앙보급창의 지원은 턱없이 부족했다. 전쟁이 길어지면서 모든

게 부족한 상황이지만 보급품은 50여 명의 목숨이 걸린 일이었다. 계속해서 지원을 요청했다. 5전구의 정보참모가 린촨분교장으로부터 연극에 대한 이야기를 들었다면서 공연이 가능하겠냐고 물어왔다. 린촨분교 한광반 졸업식에서 연극을 했는데 중국인들까지도 크게 감동했다고 자랑했다는 것이었다. 중국군은 배고픔과 추위에 지친 군의 사기를 올리는 일이 중요했다. 전국 학교에 병사를 모집하느라 대대적인 홍보를 하는 중이기도 했다. 거부할 수 없는 제안이었다.

이 기회를 살려 보기로 했다. 연설과 민요 공연, 승무와 더불어 연극을 준비했다. 김준엽이 각본을 쓰고, 장준하가 연출을 맡았던 연극이다. 제목은 '광명의 길'이었다. 공연은 대성공이었다. 라오허커우에 화제가 되었다. 중국군 부대원만이 아니라 주민, 학생들까지도 공연 요청이 쇄도했다. 전구에 속한 일곱 개처의 예하 부대, 열다섯 개의 소학교, 나중엔 라오허커우 주민회 주최의 대형 공연을 치러 내야 했다.

연극이 계속되자 다들 기진맥진해 갔다. 부상자도 속출했다. 일본군의 만행을 실제처럼 연기해 몸이 성한 데가 없었다. 조명장치도 없어 등잔불을 켜고 공연해야 했다. 전쟁에 지친 관중들은 울음바다를 이뤘다. 박수 소리로 시민회관이 떠나갈 듯했다. 장준하는 한숨을 크게 쉬었다. 보름 동안 이어진 무대도 마침표를 찍을 때가 되었다. 이제 나의 길, 조국 독립을 향한 길을 다시 잡아 갈 수 있게 됐다. 긴장이 한꺼번에 빠져나갔다.

"장동지, 장동지!"

쓰러진 장준하 위로 막이 덮였다. 김준엽은 장준하를 업고 시민회관 밖으로 나왔다. 찾아간 병원마다 치료를 거부했다. 중국인이 아니라며 받아 주지 않았다. 라오허커우 시내를 돌고 돌다 마침내 스웨덴 출신 선교사 병원에서 응급치료를 해 의식을 되찾을 수 있었다.

보급품은 넉넉했다. 방한복, 방한모와 겨울을 버텨 줄 동복들을 충분히 받아, 모든 대원이 든든히 무장했다. 관객들이 모금해 준 돈으로 양말과 가죽 구두도 사서 신을 수 있었다. 장준하는 안경도 샀다. 쉬저우에서 유격대에게 빼앗기고는 안경 없이 지냈는데 시력을 되찾게 되었다. 점심을 사 먹기도 했다. 길을 나설 때가 되었다.

험준한 산을 향해 열을 지어 행군을 시작했다. 해발 3,000미터의 대파산이었다. 열흘은 걸어야 산을 넘을 수 있다 했다. 얼마 걷지 않아 평탄한 길은 사라졌다. 전설처럼 전해져 오는 파촉령의 위엄이 압도했다. 일본군은 이 산에 막혀 더 이상 진격을 못 했다. 그제야 살아서 넘어가기 어려울 거라 근심 어린 눈빛이 실감 났다.

산은 순식간에 깊어졌다. 오솔길은 사라지고 점차 가팔라졌다. 어느새 원시림 한가운데로 들어갔다. 굵은 나무숲을 뚫고 올라가자 산은 꽁꽁 얼어붙었다. 만년 세월을 담고 하얀 눈가루를 날렸다. 한 발 한 발 힘주어 옮겨 놓다가도 자칫하면 한없이 미끄러져 내리기 일쑤였다. 그래도 눈길은 보이는 대로 길을 내주었다.

바위산은 오르내리기를 반복하게 했다. 드러난 것은 드러나지 않은 것을 가리고 있었다. 바람이 소용돌이치면 눈발을 뒤집어써야 했다. 얼음 방울은 나뭇가지처럼 휘둘러 얼굴에 생채기를 내며 묘한 소리를 내곤 했다. 산허리 능선에 올라타자 시야가 탁 트였다. 온통 하얗기만 한데, 멀리 실오라기 같은 연기가 눈에 들어왔다.

굴뚝이었다. 다들 탄성을 지르며 뒤뚱뒤뚱 내달렸다. 몸이 알아서 반응했다. 나무로 얼기설기 엮은 집에 방이 몇 개 있었다. 저마다 벽에 등을 대고 기대앉았다. 몸이 녹았다. 마당 한쪽에서는 커다란 솥단지에서 두부탕이 펄펄 끓고 있었다. 두부탕은 삶의 희망을 주는 맛이었다.

제비도 넘지 못한다는 파촉령에는 새도, 짐승도 보이지 않았다. 눈에 푹푹 빠지는 발은 천근만근이었다. 길은 변덕이 심했다. 한숨 돌릴 만하면 길은 끊기고 절벽이 앞을 가로막았다. 층

층이 갈라진 암석은 눈에 덮여 날카로움을 감추고 있었다. 모두 숨죽여 조심스레 걸음을 옮겼다. 이곳은 실수를 용납하지 않았다. 주저앉으면 일으켜 세우고, 소리소리 질러 졸음을 쫓아내야 했다.

6일을 쉬지 않고 오르자 평원이 눈앞에 펼쳐졌다. 고원 지대는 만년설로 장관을 이뤘다. 눈 사이 한 줄기 길이 사람이 다녔다는 증거를 남기며 구불구불 가늘게 이어져 있었다. 해발 3,000미터 설원은 아름답고 매서웠다. 칼바람에 나뭇잎마저 얼어붙어 있었다. 오늘 하루 동안에 고원 지대를 건너야 했다. 정상을 넘어 산등성이 내리막까지는 주막도, 몸을 가릴 숲도 없었다.

눈길은 끝을 찾기 어려웠다. 발을 깊은 눈 속으로 빠트렸다 끄집어내길 반복하며 걷는 걸음은 더뎠다. 파촉령 꼭대기가 핏빛으로 붉게 물들어갔다. 더 이상 앞으로 나아가면 안 된다. 어둠이 난데없이 뒤덮어 버려 길을 잃기 전에 밤을 보낼 공간을 구해야 했다.

몇 명씩 움푹한 지형을 찾아 나뭇가지를 잘라 둥지처럼 깔고 앉을 자리를 만들었다. 장준하는 김준엽과 붙어 앉아 짙어지는 밤의 절망을 고스란히 맞았다. 추위가 몰아쳐와 얼굴과, 손발의 감각이 사라져갔다. 두려움이 엄습했다. 가혹했다. 눈베개를 베고 밤을 지새우는 식민지 백성, 고행자였다. 살아야 한다.

'아, 나의 조국이 주는 이 형벌의 죄목은 무엇인가? 이 형벌의 대가는 무엇일까?'

김준엽과 마주앉아 부둥켜안고 서로의 체온으로 얼어붙은 몸을 녹였다. 무수한 밤별이 빛났다. 흑 하고 명치 끝으로 알 수 없는 응어리가 치밀어 올랐다. 조국 없는 설움. 분노와 의지가 쇳소리를 내며 격렬하게 부딪쳤다.

'또다시 못난 조상이 되지 말아야…….'

멀리서 산짐승 소리가 울려왔다. 간신히 졸음에서 빠져나와 김준엽을 흔들어 깨웠다. 잠 들면 죽는다. 승냥이 비슷한 울음소리가 가늘게 이어졌다. 새벽이 가까워오고 있다.

'이 밤 얼어 죽지 않는다면, 살아남을 수만 있다면 떠오르는 햇덩이를 삼키고 설원을 달려가리라. 못난 조상이 되지 않기 위해 이 몸에 불을 붙이리라.'

빛은 순식간에 어둠을 빨아들였다. 곳곳에서 웅크린 몸을 일으켜 비틀거리는 모습이 눈에 들어왔다. 그림자가 모여 들었다. 내리막길은 수월했다. 산을 오르는 데 9일, 내려오는 데 5일이 걸렸다. 산 아래로 내려오자 자연에 맡겨 두었던 목숨 줄을 다시 찾을 수 있었다.

충칭에 가려면 바동이라는 곳에서 중국 군용선을 타야 했다.

이제 육지 행군은 끝이다. 사흘 후에 기적적으로 군함을 탈 수 있었다. 양쯔강은 망망대해였다. 바다 한가운데 떠 있는 듯했다. 군함은 서서히 조금씩 힘겹게 앞으로 이동했다. 8일을 물 안에 갇혀 있다 충칭에 닿을 수 있었다.

1945년 1월 31일이었다. 장준하가 쉬저우 츠카다 부대를 탈출한 지 5개월 24일 만이었다. 충칭의 연하지 칠성강에 대한민국 임시정부 청사가 있었다. 깃발이 휘날리고 있었다. 대한민국의 국기였다. 태극 문양이 선명했다.

임시정부
광복군이 되어

'여기가 광복군의 심장이다.'

6,000리 장정을 헤쳐 온 청년들은 임시정부 청사 앞마당에 섰다. 너덜거리는 낡은 군복이 안개에 젖었다. 축축한 충칭의 회색 건물 앞뜰에 늘어선 군인들은 얼굴이 트고 동상에 걸려 퉁퉁 부은 채 눈빛만 초롱초롱했다. 일본 육군사관학교 출신으로 광복군이 된, 독립운동의 산 역사인 전설의 총잡이 이청천이 눈앞에 서 있었다.

"일동 차렷! 총사령관님께 경례!"

이청천은 한 사람씩 눈을 마주쳐 뚫어지게 살펴보며 악수를 청했다. 오랜 풍상에 얼굴에는 굵은 주름이 깊게 패 있었다. 장군의 눈은 무섭게 빛났다. 짧은 인사말을 하면서도 감동이 벅차오르는 듯했다. 한마디로 독립군의 투쟁이란 그렇게 시작하는 것이라 했다. 총사령관의 군복에는 견장도 계급장도 없었다.

이청천이 청년 광복군들을 맞이하는 동안 청사 위 층계에는 거구의 노인이 앞장서고, 머리가 희끗희끗한 일행 10여 명이 뒤를 따랐다.

김구 주석이었다. 누가 설명해 주지 않아도 알 수 있었다. 꿈에서도 그리던 위대한 혁명 영웅을 직접 만날 수 있다니. 바람 한 점 불지 않았다. 김구의 얼굴만 크게 다가왔다. 검은 안경테와 인자한 미소가 가득했지만 좌중을 압도했다. 노 독립운동가들은 대부분 중국 두루마기를 입고 있었다. 그들은 김구의 뒷줄에 섰다. 김구의 인사말도 극히 짧았다. 우선 좀 쉬라는 배려였다.

임시정부 청사는 회색 콘크리트 건물이었다. 가운데 돌로 된 계단을 따라 높게 올라가면서 양쪽으로 건물이 들어선 형태였다. 입구에서 보면 5층 건물처럼 웅장해 보였다. 김구 주석 집무실 옆 국무회의실에 임시로 들어가 쉴 수 있었다. 저녁 식사 때까지 목욕과 이발을 하고 오라고 길을 안내했다. 충칭의 목욕탕과 이발소를 거치고 돌아오니 새 군복이 차곡차곡 쌓여 있었다.

모든 것이 새로웠다. 저녁 식사가 끝나고 짧은 휴식이 있고 난 뒤에 환영회가 열렸다. 회의장과 식당을 겸한 1층 홀은 김구 주석과 각료 전원, 광복군 간부들과 충칭의 동포 100여 명이 가득 찼다. 자리가 모자라 서 있는 사람이 더 많았다. 식탁에는 배갈과 막과자 그릇이 놓여 있었다.

신익희 내무부장의 환영사에 이어 김구의 격려사가 있었다.

"오랫동안 해외에 나와 있었기 때문에 국내 소식에 아주 감감합니다. 그동안 일제의 폭정 밑에서 온 국민이 모두 일본인이 된 줄 알고 염려했더니, 그것이 한낱 나의 기우라는 것을 깨닫게 되었습니다. 여러분이 왜놈들에게 항거하여 이렇게 용감하게 탈출해서 이곳까지 찾아와 주었으니 더할 수 없는 고마움을 느낍니다. …… 지금 일본인들은 한국 사람들이 한결같이 일본 사람이 되고자 원할 뿐만 아니라 다 되었다고 하고, 또한 젊은 이들은 한국말조차도 할 줄 모른다고 선전하고 있지만, 한국의 혼은 절대로 죽지 않는다는 것을 여러분은 스스로 보여 주었습니다.

무엇보다도 이 충칭에 와 있는 모든 외국인에게 우리가 얼마나 떳떳할 수 있는가 하는 생각에 진정 나의 이 가슴은 터질 것만 같고 이 밤중에라도 여러분을 끌고 이 충칭 거리에서 시위라도 하고 싶은 심정입니다. 여러분 자신들이 훌륭한 실증이요, 여러분 자신들이 한국의 혼입니다."

장준하가 대표로 답사를 했다.

"저희는 우리나라 국기를 알지도 못한 채 자란 청년입니다. 어려서부터 일장기만 보았고, 그게 일본 국기라는 걸 철이 들어서 알게 됐습니다. 우리나라 국기가 보고 싶었습니다. 전국에 나부끼는 것이 일장기가 아니라 우리 국기라면 얼마나 행복할까 생각했던 그리움이 오늘 충칭에서 다시 살아납니다. …… 이제 저희는 아무런 한이 없는 것 같습니다. 조국과 민족을 위해서라면 그리고 선배 여러분의 노고에 다소나마 보답이 된다면 무엇이든지 어디든지 가리지 않고 하라는 대로 할 각오를……."

갑자기 "흑!" 하고 김구가 울음을 터뜨렸다. 숨이 꺾이는 듯한 낮은 신음을 내던 노구의 독립운동가들이 동시에 소리 내 울음바다를 만들었다. 환영회는 통곡의 바다가 되었다. 누구도 말리지 않았다.

일본군을 피해 젠장, 창사, 류저우, 치장을 거쳐 충칭까지 자리를 옮겨야 했던 임시정부는 상처투성이였다. 나라를 되찾겠다고 조국을 떠난 지 수십 년 세월, 청년이었던 독립운동가들은 이제 노인이 되어 있었다. 깊게 팬 주름살만큼이나 중국 땅에서의 삶은 고단했다. 총을 들고 싸우는 시간보다 목숨을 지키기 위해 피해 다니고 굶주림을 견뎌 내야 하는 시간이 더 길고 잔인했다.

충칭은 중국의 임시 수도였다. 전선은 중국 깊숙이 밀고 들어왔다. 중국군을 따라온 피란민들과 여러 나라 사람들이 전쟁터에서도 복잡하고 번화한 거리를 만들었다. 일본의 공습으로 파괴된 도시는 백만에 가까운 거대 도시가 되었다.

충칭의 아침은 습했다. 안개가 2층 청사의 창밖까지 뒤덮고 있었다. 1년의 반은 안개가 끼는 곳이라 했다. 아침이 채 밝기 전에 청년 몇몇이 청사 밖으로 나왔다. 궁금했다. 충칭의 거리, 임시정부의 청사 하나하나 새겨두고 싶었다. 충칭의 아침은 소란스러웠다. 일찍부터 일을 나가는 사람들로 바빴다. 아침을 집에서 해 먹지 않는 중국 사람들이라 손님을 부르는 장사꾼 목소리가 높았다. '밀가루 떡'과 '꽈배기' 그리고 '콩국'을 어깨에 메고 다니며 팔았다. 눈에 익었다. 고향 의주나 정주에서 보던 풍경과 비슷했다. 고향에 다가간 느낌이었다.

임시정부 청사는 중국인 소유 호텔을 세내어 쓰고 있었다. 각 부처의 집무실과 30여 명의 숙소로 사용했다. 대부분 독신이라 청사 안에 기거하는 사람이 많았다. 청사의 아침 식사는 10시경이 되어야 할 수 있었다. 임시정부의 각료들도 하루 두 끼밖에 식사를 못 했다. 오후 5시경에 저녁식사를 했다. 식사는 밥과 국이 전부였다. 뭇국이지만 임시정부에서 식사하는 것만으로도 감격했다.

노쇠했다. 나라를 잃은 지 35년이 넘었으니 이름을 지키기조차 어려울 수밖에 없지만, 광복군 기지인 망명정부는 무기력했다. 게다가 파벌싸움이 치열했다. 서로를 비난하고 자파의 세력을 키우려 눈을 부라렸다. 독립은 꿈이었고 정치가 현실이었다. 임시정부에서의 시간은 고통스러웠다. 안개가 매일같이 청사를 뒤덮었다. 독립운동의 중추인 임시정부에 직접 들어가 독립을 위해 무엇이든 하려 했지만, 하루하루가 무력했다.

청년 광복군은 정당 단위로 여는 환영회에 참석하지 않기로 했다. 참석할지 말지 고민하는 것부터 편가르기의 늪에 빠져드는 일이라 생각했다. 한국독립당, 민족혁명당 등의 초대를 차례차례 거절했다. 하지만 그것으로 일이 끝난 게 아니었다. 정당은 방향을 바꿔 개별적으로 설득하기 시작했다.

편가르기는 버섯의 포자처럼 공기를 통해 퍼져나가 숨통을 조여 왔다. 대원들은 각기 술자리에 불려 나가기도 하고, 은밀히 자리를 권유받기도 했다. 하루빨리 이 상황에서 벗어나야 했다. 충칭에는 임시정부 요인과 가족까지 130여 명, 교포까지 포함해야 300명에 불과했다. 50명의 젊은 피는 정당의 주도권을 잡아 세를 불리기에 안성맞춤이었다.

마침내 장준하가 폭발했다. 임시정부에 머문 지 2주째 되는 일요일, 매주 열리는 회의 자리에서였다. 국무위원 전체와 교포들이 모인 모임에서 장준하는 보고하면서 거친 말을 터뜨렸다.

"……우리는 여러 선배에게 조금이라도 힘이 되고자 해서, 아니 그 이념의 손과 발이 되고자 해서 몇 번의 사경을 넘고 수천 리를 걸어 기어이 이곳으로 찾아온 것입니다. …… 그런데 우리는 요즈음 이곳을 하루빨리 떠나자고 말하고 있습니다. 나도 솔직히 말해 이곳을 떠나고 싶어졌습니다. 오히려 오지 않고 여러분들을 계속 존경할 수 있었다면 더 행복했을지도 모를 일이었습니다. …… 가능하다면 이 임정 청사에 폭탄을 던지고 싶습니다."

장준하의 폭탄선언에 국무위원들은 놀라고 분해했다. 분통을 터트리고 목소리를 높였지만 대응은 무기력했다. 다음 모임에서 장준하의 사과로 무마되었고, 아무것도 변하지 않았다. 정파 간의 대립은 여전했다. 어떻게든 막아 낼 방안을 짜내고 있는데 난데없이 '댄스파티' 얘기가 전해져 왔다. 나라를 빼앗긴 민족이 타국 땅에서 춤을 추는 파티를 열다니 의아했다. 이유는 정당의 경비를 마련하기 위한 행사라고 했다. 그들에게는 묘안일지 몰라도 참을 수 없었다. 나라를 잃고 쫓겨 와, 그것도 먼나먼 중국 끝자락에 자리한 충칭에 임시정부를 세워 놓고서는 댄스파티 표를 팔아서 당비를 만들다니.

전시여서 그랬는지 몰라도 충칭에서는 외국인만 댄스파티를 주최할 수 있었다. 외국인이 주최한 댄스파티엔 중국인도 참가할 수가 있어 곳곳에서 파티가 열렸다. 파티장에는 사람들로 발

디딜 틈이 없었다. 한창 열기가 고조될 때 문이 벌컥 열리며 몽둥이를 든 청년들이 우르르 몰려들었다. 폭음탄을 바닥에 던지자 춤을 추던 사람들이 놀라 겁에 질려 넘어지고, 뒤엉키면서 혼란에 빠졌다. 몽둥이로 위협하면서 문밖으로 몰아냈다. 홀은 폭격을 맞은 듯 난장판이었다.

누구도 항의하지 못했다. 아무 일 없었다는 듯이 임시정부와 충칭은 조용하기만 했다. 하지만 더 이상 이곳에 머물 수 없었다. 장정 50명이 머물기에 임시정부 청사는 너무 좁기도 했다. 공식 업무를 보기에도 지장을 받을 정도였다.

이제는 당파 싸움에서 벗어나 군인의 길만 가고 싶었다. 임시정부에서 방안을 마련했다. 충칭에서 서북방으로 12킬로미터 정도 떨어진 교외의 투차오촌에 독립군 가족들의 거주지가 있었다. 임시정부에서 중국 구호 기관의 원조를 받아 2,000평 땅을 임대받아 마을을 이룬 곳이다. 집은 대나무로 얽어 만들었는데, 방 두 개에 부엌이 하나 딸려 있었다. 가족들은 작은 텃밭도 일구며 생활하고 있었다.

이곳 한화기독교청년회관을 쓰기로 했다. 건물 문에는 '한국광복군 토교부대'라고 간판을 붙였다. 부대장은 총사령부 총무처장인 최용덕 소장이었다. 최용덕은 중국군의 전투기 조종사로 활약하다 부상을 당해 다리를 절었다. 그도 이곳에서 지내기로 했다.

청년회관은 지은 지 얼마 안 되는 서양식 건물이었다. 가운데 홀에서는 강연이나 예배를 볼 수 있었고, 다른 큰 홀에는 목조 침대가 나란히 놓여 있었다. 주방 시설도 별도로 마련되어 자취가 가능했다. 회관에서는 마을을 한눈에 내려다볼 수 있었다. 언덕 아래로 흐르는 강과 오밀조밀하게 구획이 나뉘어 있는 논밭, 조그만 집들이 모여 마을을 이루고 있었다.

토교부대의 군사 훈련은 체력 단련에 가까웠다. 장준하는 주말이면 예배를 보았고, 김구의 지시로 충칭에 있는 미국 기독교 인사들과도 접촉했다. 나머지 시간은 대부분 독서하며 보냈다. 오랜만에 맛보는 여유 있는 시간이었지만 편안하지는 않았다. 이곳까지 정파의 마수가 쫓아다녔다.

이제는 일제와 싸우는 것만이 목표가 될 수 없었다. 우리 민족의 핏속에 흐르는 당파심과도 싸워야 한다는 과업이 새로 생겨났다. 장준하는 고독했다. 청년 광복군의 짐이 무거웠다. 독립운동의 행동을 통일시킬 이론을 정립하고 체계화해 민족 총단결의 방향을 모색해야 했다. 《등불》을 속간하기로 마음먹었다.

"김형, 도저히 안 되겠어. 설득한다고 될 일이 아니야. 우리가 나서야겠어."

"무슨 일을 하려고……."

김준엽은 소스라치게 놀라 말을 잇지 못했다. 장준하의 성격을 너무도 잘 아는 김준엽은 가슴이 철렁 내려앉았다. 이번에 또 사고를 치면 어떤 봉변을 당할지 모를 일이었다. 며칠간 장준하는 아무 말 없이 깊은 고민에 빠져 있었다. 무서운 결기, 폭발하듯 하는 행동, 김준엽은 장준하의 그런 모습이 존경스러웠지만 한편으로는 조마조마했다.

"힘으로 제압하려면 못할 것도 없지만, 그래서 될 일이 아니다 싶네. 근본부터 다시 시작해야 해야겠어. 김형, 우리 《등불》을 다시 만드세."

"아! 그 일이라면 적극 나서야지……."

김준엽은 민필호 실장을 찾아가 종이를 부탁했다. 장준하는 김구를 찾아갔다. 김구는 어깨를 두드려 주며 격려했다. 며칠 후에는 등사기를 보내 주기까지 했다. 날개를 단 장준하는 며칠 밤을 꼬박 새워서 원고를 만들어 냈다.

《등불》 3호를 읽은 동지들과 임시정부 노 독립운동가는 너나 없이 반기고 기뻐했다. 상하이 시절 이후 임시정부에서 기관지가 나온 기억이 없었다. 충칭에 있는 3개월 동안 3, 4, 5호를 계속해서 내고 8절지 1면짜리 호외까지 낼 수 있었다. 장준하는 나라 잃고, 방향도 잃은 식민지 백성들에게 빛을 비추고 싶었다. 등불을 켜고 싶었다. 그 빛으로 길을 밝히고 싶었다.

OSS
국내 진격 작전

"경위대를 해체하라."

"젊은이는 전선에 나가 죽게 하라."

토교부대에서 한걸음에 달려온 청년 광복군들의 구호 소리가 임시정부 청사에 쩌렁쩌렁 울려 퍼졌다. 밤을 새워 만든《등불》호외를 뿌렸다. 장준하는 몽둥이를 들고 앞장서서 신익희 내무부장을 찾아 나섰다. 신익희 내무부장은 이미 뒷문으로 빠져나간 후였다.

겨우내 신익희는 청년 광복군을 한 사람씩 접촉해 왔다. 정당 세력이 가장 약했던 상황에서 수를 늘리는 게 급했다. 경위대를 새로 만들어 세력을 키우려 했다. 토교부대에서 임시정부로 가겠다는 대원들까지 나오자 장준하와 청년 광복군은 더는 참지 못하고 폭발하고 말았다.

"무슨 짓들인가. 망명정부의 심장에 몽둥이를 들고 다니다니."

김구 주석실에서 건장한 이가 나와 청년 광복군 앞을 막아섰다.

“나, 이범석이오. 나도 정파라면 질색이요. 내 그게 보기 싫어 임시정부 청사에 발길을 끊은 지 오래요. 마침 잘 됐소. 오늘 그대들과 중요한 얘기를 했으면 하오. 김구 주석과 오래전부터 은밀히 준비해 온 일이오.”

이범석 장군이었다. 신흥무관학교 교관 출신으로 김좌진과 청산리 대첩을 이끈 전설의 영웅이었다. 린환부대에서부터 그의 영웅담을 귀가 닳도록 들었다. 광복군이라면 꼭 한번 그를 따라 전투에 참여하는 게 소원이었다. 말을 달리며 쏘는 백발백중의 사격술은 듣고 또 들어도 감동이었다. 광복군 제2지대장으로 초대 참모장 출신인 이범석을 이렇게 만나다니.

임시정부 김구 주석실 앞 복도는 긴장감으로 터져 나가기 직전이었다. 머리가 벗어진 이범석은 탄탄한 몸이 무쇠 같았다. 이범석은 만주와 중국, 러시아 일대에서 독립군의 무장 투쟁과 일본군과 연합군의 전투 상황을 상세하게 설명했다.

“여러분 연합군이 일본군들을 몰아쳐 대고 있소. 이제 때가 왔소. 내 조국에서 일본군을 쫓아내야 하지 않겠소. 미군이 우리와 손을 잡고 조국에 들어가 전투를 벌일 계획을 세우고 있소. 나 이범석과 함께 나설 광복군이 필요하오. 나는 지금 죽기를 바라는 군인을 찾고 있소. 죽음을 두려워하지 않는 사람만 나와 함께 시안으로 갑시다."

침묵이 흘렀다. 이범석은 잠시 말을 멈추고 죽 훑어봤다. 숨소리도 들리지 않는 진공 상태가 되었다.

"알겠습니다. 이 자리에서 김구 주석께 확인을 받겠습니다."

장준하가 대담하게 나섰다. 이범석은 이글거리는 눈으로 장준하를 주시하다, 옅은 미소를 띠고는 앞장섰다. 이범석과 장준하가 김구 주석실로 들어갔다. 밖의 소동을 다 듣고 있던 김구는 무겁게 굳어 있었다.

"다 맞네. 젊은이들을 사지에 몰아넣을 마지막 전투를 이 장군과 은밀히 준비하고 있었네."

1944년 10월 미국함대는 동남아 해상에서 일본함대와 싸워 승리했다. 전세가 급격히 바뀌었다. 1945년 2월에는 마닐라와 유황도를 점령했고 3월부터는 일본 본토에 폭탄이 떨어졌다. 폭격은 거셌다. 일본의 군수공장은 파괴되었고, 경제활동도 마비 상태에 빠졌다.

'한국 침투! 상륙 작전! 미군 합동 작전!'

기회가 왔다. 그토록 기다리고 바랐던 기회가 마침내 찾아왔다. 내가 죽을 자리, 조국을 위해 목숨을 바칠 제단을 펼치게 되었다. 장준하는 가슴이 뛰었다. 학병이 되어 일본군에 들어갈 때부터, 탈주를 결행하면서, 파촉령을 넘어 임시정부를 찾아가면서 하루도 잊지 않은 자신과의 약속을 마침내 지킬 수 있게 되었다. '이 한 몸 조국에 바치리다.'

비밀 작전을 수행할 광복군 2지대가 있는 중국 시안에는 열아홉 명이 가게 되었다. 이제부터 가명을 써야 했다. 장준하는 김신철, 김준엽은 김신일로 지었다. 형제의 연을 맺은 둘은 김씨 성에 돌림자로 믿을 신信 자를 사용했다.

군장을 꾸려 충칭에서 하룻밤을 묵고 4월 29일 임시정부 청사 뜰 앞에서 작별 의식을 가졌다. 임정 각료들은 떠나는 사람보다 더 비감해했다. 평생 죽음을 안고 살아온 노 혁명가들에게는 비수처럼 이별이 아팠다. 죽으러 떠나는 젊은 광복군을 보는 일은 지독히도 고통스러웠다. 주석 김구의 작별사도 비장했다. 김구는 검은색 중국 두루마기 안주머니에서 회중시계를 꺼내 들어 보이며 입을 열었다.

"오늘은 내가 13년 전에 윤봉길 군을 죽을 자리에 보냈던 날이오. 또 지금이 바로 그때 그 시각이오. 여러분도 다 알 것이오. 상하이 훙커우 공원에서 폭탄을 던져 왜의 시라카와 대장을 죽이던 그날의 의사 윤봉길 군이 내 허름한 시계를 차고 대신 내게 자기 것을 내어줬는데, 그 시계가 바로 이 시계요. 그날과 같은 날짜 같은 시각에 윤 의사와 똑같은 임무를 띤 여러분을 또 떠나보내고 있소. 심중이 괴롭기 짝이 없소. 이것은 우연이 아니고 반드시 하늘이 정한 뜻이라고 나는 생각하고 싶소."

토교대원들은 미군이 제공하는 군용기 편으로 시안에 착륙했다. 미 육군 트럭이 대기하고 있었다. OSS 대원 후보들이 가야 할 곳은 시안 비행장으로부터 서북방 16킬로미터 떨어진 두취였다. 한국광복군과 미 육군 특전단의 연합부대인 OSS 훈련단은 불교 사원이었던 곳에 자리 잡았다.

미국은 1930년대 후반부터 쿤밍에 공군부대를 세워 중국군을 지원해 왔다. 일본 항공대와 공중전을 벌이고, 부대 거점을 폭격하는 공로를 세웠다. 중국군도 공군의 위력을 앞세워 반격에 나서고 있었다. 임시정부는 일본군을 탈출한 수백 명의 청년을 훈련시켜 대일전쟁에 투입하자고 미군을 설득했다. 이범석은 한반도만이 아니라 일본 본토에도 침투 작전을 벌일 수 있다고 자신했다. 한반도는 전략적으로 중요한 지역이었지만, 정보가 부실했다. 미군은 일본 코 밑에 들어가 첩보 활동을 벌이지 못하는 것이 안타까운 상황이었다. 그때 일본군에서 탈출한 청년 병사들이 충칭 임시정부로 찾아왔고, 연합군도 이들을 주목했다. 최근까지 일본에서 생활해 최신 정보를 가지고 있고, 무엇보다 일본어에 능숙한 학병 출신 광복군은 연합군에게는 귀한 자산이었다.

이범석의 제안에 미군은 적극적으로 나섰다. '독수리 작전'이라 이름 붙였다. OSS는 미국의 전략첩보대 이름이며 지금의 CIA다. 본부장은 도나반 소장, 시안지구의 OSS 대장은 서전트 소령이었다. 그를 중심으로 문관, 위관, 하사관 등을 포함 20여 명의 교관이 있었다.

2지대 대원 180명과 함께 다음 날부터 바로 훈련에 들어갔다. 교관은 미 육군 특전단의 전술 사관이었다. 스무 명씩 한 조가 되어 갖가지 적응 훈련을 받았다. 하루 8시간 교육했고, 매주 시험을 치렀다. 성적이 낮으면 부적격자로 방출되기도 했다. 훈련 과목은 첩보, 통신, 심리전, 독도법 등 다양했다. 학과 교육을 마치고는 야전 훈련에 들어갔다. 도강술, 사격술, 절벽 오르내리기 등 게릴라전 훈련이었다. 밧줄을 타고 절벽을 내려가 페인트로 표시한 곳을 찾아 나뭇잎을 따오기도 하고 밤에 공중 낙하 연습도 했다. 식사 때 바로 옆에 매설된 폭탄이 터지기도 했다.

계절이 바뀌어 7월 말 3개월의 정규교육을 마친 제1기 OSS 특수 공작원들이 졸업했다. 8월 1일부터는 제2기생 훈련이 시작되었다. 이범석은 임정의 광복군 사령부에 제청하여 1기생 졸업자 50명 전원을 대한민국 광복군 육군 대위로 진급시켰다.

미군과 국내 잠입 작전이 결정됐다. 밤에 낙하산을 타고 투하

하고 나면 새벽에 잠수정으로 상륙 작전을 펴기로 했다. 일주일 간 쿤밍에서 낙하 훈련을 하기도 했다. 장준하는 서울, 인천이 포함된 경기도반의 반장으로 뽑히고 김준엽은 강원도반의 반장이 되었다. 미국의 재미교포 OSS 특수요원들도 파견되어 국내 침투 작전에 합류하기로 했다. 전쟁이 막바지에 치달으면서 심리전이 무엇보다 중요했다. 특수 작전 야전팀과 특수 첩보대가 연계하기로 방침을 정했다.

출격 명령을 기다리는 시간은 더디고 한없이 길었다. 낮에 교육과 훈련을 하고 나면 저녁 시간은 자유였다. 장준하는 이 시간을 아껴 무언가 남기고 싶었다. 김준엽과는 이미 마음이 통했다. 잡지를 만들기로 하고 이름을《제단》이라 지었다.

《제단》은 이름처럼 비장한 결의로 시작됐다. 훈련 도중에 시간을 낸다는 것을 제하면《등불》을 만들 때보다는 조건이 좋은 편이었다. 종이도 미군들이 쓰는 모조지를 사용했기 때문에 질이 매우 좋았다. 고급 등사기를 사용할 수도 있었다. 등사 글씨 전문가인 동지가 있어 잡지는 더욱 돋보이게 되었다. 편집 내용도 전과 달랐다.

잡지는 유언집과 같았다. 실제 죽으러 간다는 생각으로 글을 써 내용이 하나하나 피로 써 내려간 듯 실감 났다. 장준하는《제단》을 통해 해외에서 독립운동을 하는 선배들의 단결과 행동 통일을 호소했다. 초판 300부를 찍었다. 멀리 미국에 있는 독립운동 단체에도 보낼 수 있었다. 망명 군인과 가족들은 눈물을 흘리며 잡지를 읽고, 또 읽었다. 김구, 김규식은 격려사를 써서 보내 주기까지 했다. 격려사를 《제단》 2호에 실었다. 충칭의 젊은 동지들이 《제단》을 읽고 선배의 뒤를 따르겠다고 시안으로 몰려왔다.

장준하는 츠카다 부대를 탈영하고서부터 1년간 써 왔던 일기장 일곱 권과 《등불》 여섯 권, 《제단》 두 권을 책상 위에 올려놓았다. 그 위에 유서를 놓고는 포장했다. 나머지 개인물품을 모두 마당에 모아 놓고 불을 붙였다.

> 혼이여, 나의 혼이여
> 퍼져라, 저 저녁노을처럼
> 동포들의 가슴 가슴을
> 핏빛으로 물들이고, 혼이여
> 영원히, 영원히
> 시간 속을 헤엄쳐 가라
> 혼이여, 혼이여
> 조국의 역사와 함께 살아라
> 선명한 핏빛 잃지 말고

시는 핏빛이었다. 장준하의 삶도, 학병과 탈주, 6,000리 장정의 과정도, 독립군 장교로서의 시간도 모두 사그라졌다. 소멸의 시작이었다. 장준하는 김준엽의 부인 민영주에게 포장한 물건을 맡겼다. 김준엽은 OSS 훈련을 받는 중에 이범석 장군의 비서이자 광복군인 민영주와 사랑하게 돼 장준하의 주례로 결혼을 했다.

"내가 들고 가지 못하니 해방되면 고국에 가져가 가족에게 전해 주면 고맙겠소."

쿤밍 미군사령부에서 출동 명령이 오기만 기다렸다. 긴장의 시간이 이어졌다. 무기와 식량, 통신 장비는 물론 일본 국민복과 신분증, 일본제 신발까지 갖추고 금괴까지 챙겨서 대기하고 있었다.

무전은 오지 않았다. 국내 진격의 비행기는 뜨지 못했다. 기다림은 허무하게 끝이 나고 말았다. 일본군이 난데없이 항복했다. 미군들은 함성을 지르고 춤을 추며 기쁨을 감추지 못했다. '며칠만 빨랐다면.' 하늘이 무너져 내렸다. 장준하는 끝내 눈물을 터뜨리고 말았다.

여의도 비행장, 조국에서의 하루 낮과 밤

안개는 흙의 기운을 털고 나서야 구름이 되는 걸까. 하늘로 오르지 못하고, 밀도가 높아져 물방울이 된 안개가 전투복을 적셨다. 석회석 냄새가 나는 듯했다. 입안이 서걱거렸다. 중국 중북부 웨이허강 황토 고원에 있는 시안에서는 안개와 구름의 경계가 모호했다. 시간은 더뎠고, 정적은 무거웠다. OSS 비행장은 물기로 번들거리며 한없이 가라앉아 있었다.

시간이 무기력하게 흘렀다. 장준하는 한숨을 토해 냈다. 두 번의 실패는 없어야 했다. 중국전구사령부 OSS 특수공작원, 광복군 대위 장준하에게 삶과 죽음의 경계는 이미 사라진 지 오래였다. 죽어야 하는 삶이 따로 있는 게 아니었다. 죽지 않으면 살길을 찾을 수 없었다. OSS 특수공작원의 임무였다.

'나의 쓰임은 어디까지일까.' 광복군이 되어 군복을 입고 총을 들었어도 일본군과 전투하지 않으면 무용지물이었다. OSS의

특수 훈련, 고된 시간도 허망할 뿐이었다. 출격 명령만 기다렸다. 가야 할 곳, 해야 할 일은 하나였다. 6,000리 장정 끝에 임시정부 청사에 걸린 태극기를 처음 보았을 때의 감동을 조국, 동포들에게 나눠 주고 싶었다. 자신을 닮은 이들에게 돌려주고 싶었다. 식민지 땅에서 태어나 한 번도 조국에서 살아 보지 못한 한을 풀어 주고 싶었다. 그 길을 닦기에 목숨을 원하는 건 이미 알고 있었다.

"장형, 서둘러요. 출동이야."

김준엽이 어깨를 쳤다. 그는 벌써 완전무장을 한 상태였다. 장준하도 바로 군장을 꾸리고는 비행기를 향해 뛰었다.

'이제 출격이다. 이번에는 반드시 성공한다.'

1945년 8월 14일에 이어 두 번째 출동이었다. 첫 출격에서는 비행기가 서해에 들어서자마자 쿤밍의 미군사령부에서 '진입 금지' 명령이 떨어져 돌아올 수밖에 없었다. 미국의 항공모함이 일본군 특공대의 공격을 받아 전시 상황이 유동적이었다. 서울 진입은 위험했다. 시안에서 재진격을 기다려야 했다.

미군은 일본 조선군사령부의 항복을 받고 군 시설을 접수하기 위한 선발대를 파견하기로 했다. '연합군 군사 사절단'이라 이름을 붙였다. 선발 대원은 OSS 특수 장교로 채워졌다. 미군 사절단의 임무는 연합군 포로 인수와 기초 조사였다. 광복군

정진군 소속 OSS 대원은 국내에 들어가면 일본군에 징병된 우리 병사를 모아 국민자위군을 조직하는 임무를 별도로 띠고 있었다.

비행기 무게를 줄이기 위해 무기와 탄약을 제외하고는 모든 휴대품을 버려야 했다. 미군 열여덟 명과 광복군 네 명, 사절단은 총 스물두 명이었다. 광복군 정진군은 총사령관 이범석과 핵심 공작요원 장준하, 부관 김준엽, 통신 요원 노능서 세 명이 선발됐다. 선발대의 역할조차 불분명해졌지만 고국 땅에 누구보다 먼저 들어가고 싶었다. 조국 땅에서 직접 항복 선언을 받고 싶었다.

비행기는 서해를 건넜다. 한반도 비행 구역에 들어섰다. 지상 관제소와 무선 교신을 하며 여의도 비행장으로 방향을 잡았다. 일본은 김포에는 민간용 비행장을, 여의도에는 군용 비행장을 세웠다. 여의도 비행장에서 미군의 B-29기를 격추하기 위해 오키나와로 출격하곤 했다.

"돌아가라!"

"우리는 군사 사절단이다. 일본군은 착륙을 거부할 수 없다."

"우리는 아무 지시도 받지 못했다. 그 어떤 비행기도 이곳에 들어올 수 없다. 돌아가라."

일본군은 완강했다. 아직도 서울은 식민지 땅이었다. 무선 교신은 서로의 입장만 반복했다. 비행기가 낮게 돌면서 굉음을 냈다. 창밖으로 전단을 뿌렸다. 영등포에 들어서고서야 마지못해 착륙을 받아들였다. 비행기는 여의도에 섰다.

문을 열자 총을 겨눈 일본군 부대가 눈에 들어왔다. 비행기 주변을 에워싸고 총을 겨눴다. 조선군사령관 고즈키 중장, 참모장 이하라 소장이 앞줄에 서 있었다. 사절단 대표 번즈 대령에게 고즈키 중장이 일본말로 물었다.

"무슨 일로 온 것인가?"

사절단은 영등포 상공에서 뿌리다 남은 전단 한 장을 내밀었다. 일어와 한국어로 쓰여 있었다. 일본군에게도 한 장씩 돌렸다. 일본군 참모장은 들어온 이유는 알겠지만 받아들일 수 없다고 했다. 병사들이 흥분해 있으니 책임질 수 없다고 했다. 조선군사령부의 지시라고도 했다. 일본군의 기세는 항복한 패전부대의 모습이 아니었다. 갑자기 일본 장교들이 하나씩 뒤로 빠져나갔다. 이범석이 신음을 냈다.

"저놈들 움직임을 놓치지 마라."

이범석은 권총의 안전장치를 풀었다.

"내가 쏘면 쏴라."

백기를 들고 무릎을 꿇고 기다릴 거라 생각한 것도 아니지만 일본군이 제압하려 들다니 참을 수 없었다. 장준하는 한 발 앞으로 나섰다. 총을 겨눴다. 김준엽, 노능서도 각을 세웠다. 수류탄과 총으로 무장했지만 일본군 부대에 대항하기에는 턱없이 적은 수였다. 그래도 조국에 들어와서 부끄러운 모습을 보일 수는 없었다. 욕되지 않게 죽는 길이 보였다.

"왜놈들한테 다시 쫓겨 갈 수는 없다. 여기서 모두 죽자."

기관단총은 불을 뿜을 기세였다. 미군 대령이 앞을 가로막았다.

"전쟁은 끝났소. 다 쓸데없는 일이오."

"이쪽을 보지 말고, 밖을 향해 서서 경계해라."

일본군 대좌[일본군의 대령을 가리키는 말]가 경계병에게 물러서라 명령했다. 팽팽하던 긴장이 풀어졌다. 일본군 대좌는 한발 물러섰다.

"하루 말미를 주겠소. 오늘은 이곳에 묵으면서 상부의 지시를 기다려 보기로 합시다. 나도 시간이 필요하오."

미군도 전투 상황을 원치 않았다. 미군이 가로막고 이범석 사령관과 세 사람을 만류했다. 장교 집합소에서 숙박하기로 했다. 일본군은 사절단을 볼모로 잡아 놓고 기회를 보려 했다. 선발대는 미군 본부의 지시를 기다렸다. 노능서가 통신문을 받았지만 암호여서 내용을 알 수는 없었다. 한강 변의 포플러가 흔들렸다.

조국의 밤은 무기력했다. 한강 가운데 섬에 갇힌 격이었다. 일본식 다다미방을 두드리는 소리가 나더니, 대좌가 들어왔다. 일본군이 술상을 들고 서 있었다. 백발이 성성한 대좌가 무릎을 꿇고 앉아 이범석 장군에게 맥주를 따랐다. 김준엽도 단숨에 한 잔을 들이켰다. 일본이 항복했다는 사실이 비로소 실감 났다. 한낮의 대치는 오래된 과거의 일만 같았다.

장준하는 한구석에 앉아 성경책을 보고 있었다. 김준엽은 장준하에게 술을 권했다. 술을 못 마시는 장준하도 오늘만은 술을 받아야 한다고 채근했다. 왜놈의 항복을 받아야 한다고 설득했다. 술은 한잔이면 족했다. 일본군 장교의 노랫가락은 처연했다. 선발대로 들어온 광복군도, 패망한 일본군도 잠들 수 없는 밤이었다. 풀벌레 소리로 요란했다.

다음 날 쿤밍 미군사령부에서 돌아오라는 명령을 받았다. 눈앞에 한강이 흐르고 다리를 건너면 서울인데 돌아가야 한다니. 일본군을 무장 해제 시키지도 못하고, 선발대로서 아무 역할도 못 하고 빈손으로 돌아가야 한다니 억장이 무너졌다. 수통에 물을 가득 채웠다. 종이봉투에 흙도 한 줌씩 담았다. 광화문을 향해 서서 애국가를 불렀다. 마포 강변에서 아침 연기가 흔들리며 피어올랐다. 남산이 보이더니 아득하게 삼각산이 눈에 들어왔다. 8월의 여의도가 뜨겁게 달아올랐다.

비행기는 요란한 소리를 내며 날아올랐다. 해방됐으나 식민지에서 벗어나지 못한 조국 땅이 눈에 선명히 들어왔다. 강은 푸르고, 산은 높았다. 서울의 아침은 무심했다. 미군은 사지에서 나와서인지 들떠 있었다. 이범석도, 김준엽도, 노능서도 말이 없었다. 장준하는 창문을 통해 사라지는 조국을 하염없이 바라봤다.

식민지에서 해방된 조국도, 죽을 자리를 찾지 못한 삶도 순탄치 않을 거라 예고했다. 평온한 삶은 이미 실패했다. 조국의 미래가 온통 안개에 갇혔다. 못난 조상이 되지 말자고 새기고 또 새겼지만, 오늘 못나게 돌아가야 했다. 시안에 돌아왔다. 다시 식민지 망명 군인이 되었다.

고국으로 돌아오는 길

상하이의 홍커우 공원은 6,000여 명의 환영 인파로 가득했다. 만세 소리가 천둥 치는 소리를 냈지만, 김구는 자꾸 목이 잠겨 왔다. 13년 만에 다시 찾은 상하이, 이곳에 돌아오기까지 수없이 죽음의 위기를 넘겨야 했다. 삶의 시간은 외롭고 험했다. 현상금 60만 원, 1945년 쌀 한 가마를 20원에 살 수 있었으니, 지금 돈 200억에 달한다. 자신을 쫓는 일본군을 피해 중국인으로 변장하고, 한동안 호수 안 배 위에서 살면서 살길을 찾아야 했다. 일본군 폭격으로 집이 무너지기도 했다. 피신과 잠적의 시간은 한없이 길었다. 충칭에서는 어머니가 돌아가시기도 했지만 김구는 무너지지 않았다. 삶과 죽음의 갈림길에서도 군대를 만들고, 중국군과 협상해 독립된 연합군의 군대로 인정받았다. 임시정부를 지켜야 했다.

"우리 손으로 해방을 못 하고 동맹국의 손을 빌렸으니, 부끄럽기 한이 없소. 조국을 위해 공을 세우지 못했지만, 이제 임시 정부는 조국에 돌아가 새 나라를 세우고, 새 민족을 갖도록 주력할 것입니다."

조국은 해방되었으나 고국으로 돌아가는 길은 열리지 않았다. 대한민국 남쪽을 점령한 미군은 망명정부를 인정할 생각이 없어 보였다. 11월에야 하지 중장이 임시정부 요인들을 귀국시키겠다고 발표했다. 상하이에 비행기가 오기까지는 오래 기다려야 했다. 스스로 독립을 이루지 못한 죄과가 컸다. 김구는 개인 자격으로 귀국하는 희생을 감수하겠다고 했다. 조국의 앞날이 밝지 않다는 것을 몸으로 느낄 수 있었다. 시련이 다가오고 있었다.

김구의 표정은 굳어 있었다. 장준하도 눈을 감고 침울하게 앉아 있었다. 장준하는 세 번째 비행이었다. 이번에는 실탄을 장전하지 않아도 됐지만, 고국으로 돌아가는 길이 한없이 무거웠다.

'죽을 자리를 찾지 못하고 이렇게 내 조국에 들어가도 괜찮은가.'

비행기는 앓는 소리를 내면서도 중국 국경을 넘어가고 있었다. 엔진 소음에 귀가 얼얼할 정도였다. 비행기는 한 번씩 쿵 떨어졌다가 자세를 바로잡곤 했다. 불안한 공기가 오히려 위안이 되었다.

"아! 보인다."

누군가 신음처럼 갈라진 소리를 냈다. 외마디 소리에 비행기 안이 출렁거렸다. 다들 한 뼘 창으로 얼굴을 들이밀었다. 하늘도 바다도 새파랬다. 온통 푸른빛으로 가득한 곳에 점들이 눈에 들어왔다. 눈동자 주변의 실핏줄이 부풀어 오르는 듯했다. 어느새 애국가를 합창하고 있었다. 조국의 땅이 윤곽을 드러냈다. 김구는 눈을 감고 있었다. 의자에 등을 붙인 채 눈물을 닦지도 않고 그대로 두었다. 고개를 숙이지도 않았다. 돌부처가 울고 있었다. 주먹을 쥐고 무릎에 올려놓은 채 울고 있었다. 장준하는 그의 심정을 알 수 있었다. 몇 달 전 여의도 비행장에서 느꼈던 비감함, 수류탄을 던지고 죽음을 맞겠다고 이를 악물었던 순간이 생생하게 떠올랐다. 그날과 오늘이 다르지 않았다. 해방은 됐으나 해방되지 못한 망명 군인 장준하는 김구의 눈물을 이해할 수 있었다.

김포는 허허벌판이었다. 미 공군 하사관이 비행기 문을 열자 거친 모래바람이 얼굴을 표독스럽게 할퀴어 댔다. 시큼했다. 이게 조국의 냄새인가. 장준하는 크게 심호흡을 했다. 김구를 선두로 고국 땅에 발을 디뎠다. 들판에는 황량한 바람만 불었다. 임시정부의 대표 1진이 들어왔는데 누구도 맞으러 나오지 않았다. 미군 장갑차 여섯 대가 그들을 기다리고 있었다.

김구는 입술을 깨물듯이 꽉 다물고는 말없이 서 있었다. 초겨울의 찬바람을 고스란히 맞았다. 조국의 땅을 밟았지만, 조국의 미래는 여전히 우리 손에 있지 않았다.

장갑차는 한 줄로 출발했다. 창밖으로 흰옷을 입은 농부가 소를 몰고 길옆으로 비켜섰다. 한강철교를 거쳐 거침없이 달려갔다. 어느새 거리엔 어둠이 내리고 있었다. 사람들 지나다니는 모습이 띄엄띄엄 보였다. 용산 거리에는 벽보가 덕지덕지 붙어 있었다. 누구도 장갑차 행렬에 관심을 보이지 않았다. 경교장에 짐을 풀고서도 한 시간이 지나서야 김구의 귀국을 알리는 하지 중장의 발표가 방송에 나갔다.

'오늘 오후, 김구 선생 일행 열다섯 명이 서울에 도착했다. 오랫동안 망명했던 김구 선생은 개인 자격으로 서울에 돌아온 것이다.'

서울은 갑자기 소란스러워졌다. 사람들은 일손을 놓고 주위에 알리고, 누군가는 벽보를 붙였다. 각계 인사들이 경교장에 들어와 인사를 나눴다. 시민들은 김구를 보기 위해 경교장 밖에 진을 쳤다. 경교장으로 사람들이 계속 몰려들었다. 신문로 네거리까지 인파로 가득 찼다.

장준하는 귀국 보고부터 준비했다. 기회는 좀처럼 주어지지 않았다. 라디오 방송은 미군정청의 허락을 받아야 했다. 기다렸다. 참아야 했다. 미군정청은 김구의 개인적인 귀국이라는 문장을 넣어야 한다는 전제 조건을 달고 2분의 시간을 주었다. 장준하에게 성명서 작성 책임이 맡겨졌다. 조국에 오면 무슨 말을 먼저 할까, 하루도 빠짐없이 그리워하고 상상하던 순간이 아닌가. 장준하는 잠시 눈을 감았다. 글을 써 내려갔다. 단숨에 문장을 완성했다. 정동방송국에서 김구의 음성이 흘러나왔다.

"친애하는 동포 여러분! 27년간이나 꿈에서도 잊지 못하고 있던 조국 강산에 발을 들여놓게 되니 감개무량합니다. 나는 지난 5일 충칭을 떠나 상하이로 와서 22일까지 머물다가 23일 상하이를 떠나 당일 서울에 도착했습니다. 나와 각 원 일동은 한갓 평민의 자격을 가지고 들어왔습니다. 앞으로는 여러분과 함께 우리 독립 완성을 위하여 전력을 다하겠습니다. 앞으로 전국 동포가 하나가 되어 우리의 국가 독립의 시간을 최소한도로 단축시킵시다. 앞으로 여러분과 접촉할 기회도 많을 것이고, 말할 기회도 많겠기에, 오늘은 다만 나와 나의 동사 일동이 무사히 이곳에 도착되었다는 소식만을 전합니다."

경교장에서의 생활은 숨 가쁘게 돌아갔다. 김구의 비서 역할에, 경교장에서 발표하는 성명과 선언 등 모든 문서는 장준하를 통해서 완성됐다. 가족을 데려와야 했지만, 24시간 꼼짝할 수도 없었다. 사람을 보낼 수밖에 없었다. 그러던 사이 할아버지가 서둘러, 동생들이 먼저 서울에 도착했다는 소식이 들어왔다. 장모와 부인도 뒤이어 38선을 넘었다. 북에서 남으로 내려오는 사람들이 계속 늘어났다.

서울역은 교통의 중심지이기도 했지만, 헤어진 사람들이 모이는 장소이기도 했다. 만주에서 해방된 조국으로 돌아오는 이들, 소련군이 진주한 북한에서 살길을 찾아 내려오는 사람들로 북새통을 이뤘다. 개성에서 탄 기차가 서울역에 도착하자 김희숙은 어머니 손을 꼭 잡고 내렸다. 사람들에 떠밀려 역 바깥으로 나왔다. 광장에는 짐보따리를 가운데 두고 둘러앉은 일가족들, 중절모를 쓴 사람들, 짐을 실어 나르는 수레꾼들로 바글바글했다. 김희숙은 장준하를 찾아 두리번거렸다. 사람을 보내 이곳에 있으라 했으니 오겠지. 김희숙은 오늘도 잘 해결되리라 믿기로 했다.

장준하가 코를 벌렁거리는 모습이 보였다. 지프를 세우고 권총을 찬 군복차림으로 우뚝 서 있었다. 차는 한미호텔로 향했다. 한미호텔은 임시정부의 숙소였다. 가구마다 호텔 방 하나가 주어졌다. 52호에 짐을 풀었다.

“김구 선생께서 당신을 보고 싶다는구먼.”

장준하는 지나가는 말처럼 툭 던졌다. 김희숙은 깜짝 놀랐다. 김구가 누구인가. 가슴이 벌렁거렸다. 경교장을 향하면서도 어리둥절했다. 경교장은 부산스러웠다. 김구의 집무실은 어둡고 무거운 느낌이었다. 김희숙은 몸 둘 바를 몰랐다.

"그간 얼마나 힘들었소. 잘 견뎌 주어서 고맙소."

김구는 투박하게 마음을 전하고는 손에서 금반지를 빼 김희숙의 손에 끼워 주었다. 장준하도 김희숙도 너무나 놀라 아무 말도 못 했다. 시간이 몇 분이나 흐른 듯했다. 김구의 호탕한 웃음, 장준하의 미소, 꿈만 같은 시간이었다. 중국으로 망명해 수십 년 풍상을 겪고, 독립운동에 모든 걸 다 바치고는 빈털터리로 돌아온 김구에게 금붙이가 있을 리 없었다. 얼마 전에 임시정부 귀국 환영회에서 꽃다발과 축하 반지를 받았는데, 그 반지를 김희숙에게 건넸다.

경교장은 찾아오는 손님도 많았고, 회담도 연이어 열렸다. 미군정청의 지배 아래 있었지만, 정당이 우후죽순으로 생겨났다. 단체도 날마다 늘어났다. 저마다 정책과 입장이 달랐다. 정당은 세력을 키우기에 급급해 김구를 둘러싸고도 거미줄처럼 복잡하게 얽히고설켜 있었다.

김구의 비서로 독립운동가들과 정재계 인사들을 가까이서 대해야 했던 장준하는 고민이 많아졌다. 정치라는 게 생리에 맞지 않았다. 임시정부와 연결 지으려는 정치 세력은 집요했고, 국무위원들은 부나방처럼 흔들렸다. 향응과 이권이 오갔다. 해방 전 임시정부의 모습이 떠올랐다.

'정치로 나라를 바로 세울 수 있을까?'

장준하는 고심했다. 나라를 이끌어가야 할 지도자들의 모습은 실망스러웠고, 낡았다. 건강한 젊은이들이 조국의 미래를 책임질 수 있어야 했다. 이를 앞장서서 끌고 나갈 이는 광복군 출신과 지식인들이라는 생각이 굳어져 갔다.

1946년에야 귀국한 이범석이 장준하를 찾았다. '조선민족청년단[족청]'이라는 단체를 만들었으니 함께 하자면서 경교장에서 나오라 했다. 그는 장준하의 사령관이었다. 목숨을 내던지기로 한 죽음의 동지였다. '못난 조상이 되지 말자.' 장준하는 젊은 인재를 키우는 일에 헌신하기로 했다. 식민지에서 해방됐으나 방향을 잡지 못하고 있는 대한민국에 광복군의 신념과 열정, 체계가 필요했다. 결단할 시기였다. 장준하는 김구에게 이범석의 제안을 정중하게 설명했다.

"장 목사가 경교장에서 버티기 쉽지 않았을 거야. 내 힘들어 하는 거 알고 있었네. 이범석 장군과 새로운 일 한번 제대로 해봐. 장 목사는 이 판에 있기 아까워."

김구는 흔쾌히 장준하의 생각을 받아들였다.

장준하는 족청의 교무처장직을 맡았다. 장준하는 6,000리 장정의 경험 속에 녹아 있는 철학과 신념을 고스란히 쏟아 냈다.

효율적인 군대의 장점에 독립군의 도덕성을 갖춘 청년 조직을 통해 민주주의 가치를 지키려 했다. 젊은 지식인들이 선봉이 되기를 바랐다.

족청은 몇 차례 변신하며 전국 조직으로 커졌다. 이범석의 영향력도 상대적으로 커졌지만, 족청의 초심도 흔들렸다. 청년들이 조국에 새바람을 불어넣자는 장준하의 바람과는 달리 여러 사상을 가진 사람들이 족청에 참여해 세력을 키웠다. 청년단체라 했지만 정치적 색깔이 짙었다. 족청이 공산주의자들을 받아들이자 장준하는 박차고 나왔다. 장준하는 공산주의와는 가까워질 수 없는 사람이었다. 연합전선이라는 모호한 상태를 참고 못 본 척할 수는 없었다. 장준하는 정치와 멀리 떨어지기로 작정했다.

정국은 소용돌이쳤다. 좌우로 갈라지고, 분열은 증오를 키웠다. 이 틈새를 비집고 친일 세력들이 관료, 경찰 등 현직에 복귀했다. 조국은 해방됐지만, 미래는 어두웠다. 폭력이 난무하는 시절이었다. 좌우합작을 통해 단일정부를 세우려 했던 민족 지도자 여운형이 암살당했다. 송진우의 암살에는 김구가 배후로 의심을 받기도 했다. 김구는 고독했다. 남과 북으로 갈라져 분단이 굳어지는 현실에 목숨을 걸고서라도 마지막 희망을 잇고 싶었다. 북으로 올라갔다. 김구는 통일 정부 수립을 위해 38선을 넘었지만 성과 없이 돌아왔다. 김구의 실패는 장준하에게 절망을 안겼다. 1948년 남한에 이승만 단독정부가 들어섰다. 이범석은 국무총리가 되었다.

장준하는 과거의 인연을 정리하고 출판사를 차려 문화사업에 뛰어들었지만 이도 쉽지 않았다. 1949년에는 일본신학교 동문인 문동환의 권유로 조선신학대학에 편입했다. 한 학기를 다니고 졸업할 수 있었다. 일본 유학 3년 기간과 교회와 사회봉사 시간을 인정받아서였다. 조선신학대학은 후에 한신대학교로 이름을 바꿨다.

초여름 정오가 조금 지난 시각 경교장 2층 거실에서 네 발의 총성이 울렸다. 백범 김구는 머리를 책상에 얹고 손은 테이블 한 모서리를 쥔 채 쓰러졌다.

"선생은 내가 죽였습니다."

안두희는 태연했다. 총소리가 나자 경비 주임이 경교장 안으로 뛰어 들어왔다. 안두희는 저항하지 않았다. 잠시 뒤 군인들이 들이닥쳤다. 안두희는 순순히 팔을 내밀었다. 지프는 어디론가 사라졌다.

온 나라가 충격에 빠졌다. 독립운동가를 군인이 암살하는 믿기지 않는 일이 벌어졌다. 대한민국 사람들이 가장 존경하는 김구를, 그의 집무실에서 총을 쏘다니……. 장례는 국민장으로 치려졌다. 수많은 사람이 소복을 입고 거리를 가득 메웠다. "두 조각 갈린 땅을 이대로 버려두고 천고의 한을 품은 채 어디로 가십니까?" 조문을 읽는 엄항섭도, 서울운동장을 가득 메운 시민들도 눈물을 쏟아 냈다.

장준하의 실의는 깊어만 갔다. 정치와 거리를 둔다고 마음이 평온해지지 않았다. 미국 유학을 준비했다. 목사가 되겠다는 꿈, 아버지의 소원이기도 한 목사의 길을 가야겠다고 마음을 굳혔다. 결심하자 그 길은 신이 인도하는 길이다 느껴졌다. 성경을 처음부터 다시 꼼꼼히 읽고 또 읽었다. 일제 강점기 시절 일본에 유학을 가서도, 학병에 자원하면서도, 6,000리 장정의 길을 걸으면서도 해방된 조국으로 돌아오는 비행기 안에서도 손에서 놓지 않은 성경이었다.

민족의 지성을 깨운 《사상계》

1950년 6월 25일, 한국전쟁이 일어났다. "모든 것이 잘되어 가고 있으니 안심하라." 이승만 대통령의 목소리는 잡음에 섞여 흔들렸다. 라디오 방송에서는 승리를 장담했다. 전쟁 전 신성모 국방부 장관은 일주일이면 압록강 물을 떠다 이승만에게 바치겠다고 호언장담했고, 이승만은 수시로 북진통일을 주장하곤 했다. 장준하 부친 장석인이 원효로에 작은 교회를 세워 목회를 하고 있었다. 장준하도 이곳에서 목회 일을 도우며 미국행을 기다렸다.

"서울 시민은 대통령과 함께 서울에 남아서 서울을 사수해야 한다." 27일 새벽에 몰래 대기 시켜 놓은 열차를 타고 대전으로 도망간 대통령은 서울시민을 향해 녹음한 방송을 틀었다. 멀리서 대포 소리가 들리고 피난민 행렬은 다급함을 설명했지만 장준하는 곧바로 움직이지 못했다. 용산까지 인민군이 몰려왔다. 탱크가 고갯마루를 넘어오자 장준하의 어머니가 놀라 심장마

비로 쓰러지고 말았다. 임시 가매장을 하고서야 한강 다리를 건너 상도동으로 피했다.

피란민들은 도로를 가득 메우고 하염없이 남으로 향했다. 폭격은 군인과 민간인을 가리지 않았다. 비행기는 적과 동지를 구분하지 않았다. 가는 곳마다 시체가 쌓였다. 부산은 터져나갈 지경이었다. 그나마 온전한 곳이 낙동강 아래뿐이어서 부산은 임시 수도가 되었다. 바다를 앞에 두고 가파르게 치고 올라간 산 중턱까지 얼기설기 얽어 지은 판잣집이 다닥다닥 붙어 이어졌다. 병들고 헐벗은 피란민들의 생활은 처참했다. 그나마 날품팔이가 가능한 날에는 곡기를 이을 수 있었다.

전쟁은 해를 넘기며 온 나라를 불바다로 만들었다. 부산으로 피란민만이 아니라 군수물자, 행정, 물류 모든 것이 집약됐다. 피란민은 헐벗고 굶주렸지만 도심은 활기에 넘쳤다. 부대를 중심으로 물자가 쏟아져 나왔고, 시장은 번창했다. 돈이 도니 유흥가도 늘어났다. 장준하도 어렵사리 4평짜리 작은 판잣집 하나를 구할 수 있었다. 장준하 부부와 아이 둘 네 식구와 동생 셋이 함께 한방에서 살림을 시작했다.

"살아 있었구먼. 영 소식이 없어 피난도 못 오고 뭔 일이 생긴 게 아닌가 걱정했네."

"이번엔 서둘러 탈 없이 내려올 수 있었습니다. 일단 집은 구했으니 큰 어려움은 넘긴 셈이고요. 전쟁은 어찌 될까요."

"끝이 나기야 하겠지. 그런데 전쟁 통에 내 버려진 아이들이 걱정이네. 자네도 알잖는가. 배우지 못하면……."

장준하는 부산에 거처를 구하고 문교부 장관 백낙준을 찾았다. 그에게 조언을 듣고 싶었다. 그는 독실한 기독교 신자에다 평북 정주 출신의 고향 선배였다. 더구나 족청의 핵심 간부로 장준하를 이끌기도 했던 큰 그늘이었다. 백낙준은 전쟁 중이지만 교육을 중단시키지 않으려 했다. 전쟁에 지친 국민들에게 희망을 보여 주고 싶었다. 장준하가 이승만 정부를 탐탁지 않아 하는 걸 잘 알면서도 백낙준은 국민을 위해 봉사하라고 강권했다.

"자네 같은 젊은 지식인이 앞장서서 국가의 정신적 기초를 다시 세워야 해. 책도 없이 땅바닥에 글씨를 쓰면서도 공부를 하는 아이들을 그냥 방치할 텐가. 당신이 직접 설계해서 만들어 보면 어떻겠나."

백낙준은 국민사상연구원을 설립하고 장준하에게 맡겼다. 살길을 잃고 헤매는 국민의 정신을 하나하나 새로 다지자고 했다. 그 일은 대학을 나오고, 독립운동을 한 광복군 출신이 적임자라고 했다. 장준하는 깊이 생각에 잠겼다. '목사의 길을 접어야 하나.' 판자로 얼기설기 얽은 상자 같은 집들 사이로 언덕길을 올라가면서 생각하고 또 생각했다. 시큼한 냄새가 배어 있는 좁다란 골목길은 소란스러웠다. 굶주린 아이들은 골목길에 몰려 나와 있고, 공동화장실에는 하루 종일 긴 줄을 섰다. 장준하의 얼굴이 창백해졌다. 나서야 할 때다.

국민사상연구원에서 공직생활을 시작했다. 백낙준은 장준하의 능력과 실천력을 믿었다. 장준하가 김구와 함께 귀국해 그를 모시고 있을 때부터 눈여겨봐 왔었다. 경교장에서 나오는 성명서와 글 모두가 장준하의 손에서 이루어진다는 걸 잘 알고 있었다. 국민정신계몽담당관인 장준하가 생각해낸 것은 월간지를 만드는 일이었다. 월간지 이름을 '사상'이라 지었다.

잡지를 만드는 일은 어려웠다. 한반도가 불덩어리였다. 전국 곳곳에서 전투가 벌어지고, 가까스로 사지에서 살아온 사람들은 판자촌에서 하루하루 먹을거리를 걱정해야 하는 처지였다. 언제 죽을지 모르는 판에 교양 잡지의 원고를 써 달라고 했으니 부탁하는 사람이나 청탁을 받는 사람 모두 당황스럽기는 매한가지였다. 전쟁 통에 원고를 써 준 이들도 생활은 바닥이었다. 극한 상황이지만 서로는 서로의 마음을 이해했다. 어려울수록, 죽을 때 죽더라도 무너져 버린 지성의 불씨를 살려야 한다는 마음, 책임감이었다. 약속이었다.

《사상》은 세상에 나오자마자 관심과 주목을 받았지만, 그 기간은 극히 짧았다. 4호를 끝으로 잡지를 접어야 했다. 이승만 대통령이 직접 잡지 발행을 중단시켰다. 이기붕 국무총리가 정적 백낙준을 견제하느라 모함해서 탈이 나고 말았다. 《사상》 4호는 시내 서점에 배포를 마쳤고, 1953년 신년호 원고까지 받아 놓은 상태에서 장준하는 난감한 처지에 빠졌다.

국가에서 발행한 잡지를 국가에서 종료했으니 누가 뭐라 할 사람도 없었다. 잡지를 끝내는 게 당연한 절차였지만 장준하는 고민이 깊었다. 원고를 준 필자들과 약속을 지켜야 했다. 모두가 굶주리는 전쟁의 끝에서도 원고를 쓰느라 밤잠을 설쳐야 했던 이들의 마음을 너무도 잘 알았다. 눈을 감는 게 안 되는 사람도 있다. 어떻게 하든 원고를 살릴 방도를 찾아야 했다. 누구도 할 사람이 없으니 직접 잡지를 만들기로 했다. 원래 잡지 《사상》에 '계' 자 한 자를 더하여 《사상계思想界》라는 이름으로 다시 시작하게 되었다.

장관직에서 물러난 백낙준은 장준하의 결심을 응원했다. 장준하는 무슨 일이든 시작하면 반드시 성사시킨다는 믿음이 있었다. 얼마의 돈을 꺼내 놓았다. 백낙준은 장준하가 무일푼이라는 걸 잘 알고 있었다. 피란 내려와 공직생활을 몇 달 못했는데, 돈이 있을 리 없었다. 백낙준은 잡지를 이어가겠다는 무모한 용기를 응원하고 싶었다.

장준하는 곧바로 움직였다. 학자와 교수들에게 원고를 부탁하고, 받아 놓은 원고를 정리하고 편집했다. 단골 다방을 사무실처럼 쓰면서 신세를 졌다. 그나마 찻값도, 차비도 다 백낙준이 보여 준 호의 덕분에 댈 수 있었다. 그 돈이 《사상계》 1호 발행 준비금의 전부였다. 원고 청탁은 했지만 인쇄는 물론 종이 살 돈도 없었다. 무슨 수를 내야 했다. 잡지 등록을 하느라 서울을 오가고, 원고를 받아 정리하느라 정신없는 장준하에게 《리더스 다이제스트》 이춘우 사장이 도움을 약속했다. 알 수 없는 행운이 계속 찾아들었다. 이 기운을 믿어야 했다.

이제 잡지만 잘 만들면 됐다. 장준하는 날개를 달았다. 원고도, 종이도, 인쇄도 모두 외상이지만, 잡지가 나오면 해결할 수 있다는 자신이 있었다. 순조롭게 일이 풀려 인쇄를 하려는데 시련이 닥쳐왔다. 사진의 동판은 현금을 주고 만들어야 했다. 규모가 큰 리더스 다이제스트사에도 동판을 만드는 시설은 없었다. 동판값은 2,200환에 달했다. 그 돈은 무일푼인 장준하에게는 감당하기 어려운 큰돈이었다.

원고료는 넉살 좋게 나중에 준다고 하면서 글을 쓰라 할 수 있었지만, 피란지 부산에서 손 벌릴 수 있는 사람이 없었다. 그만한 돈을 가지고 있는 사람은 흔치 않았다. 며칠을 고심하고 뛰어다녔지만 해결책을 찾지 못해 풀이 죽어 있는데, 김희숙이 불쑥 흰 봉투를 건넸다.

"아니, 이게 뭐요?"

"돈이에요. 이걸로 동판을 구하세요."

장준하는 멍해졌다. 부인이 무슨 수로 큰돈을 구할 수 있었을까. 겨울 외투와 옷가지를 들고 나가 팔아서 만들었다는 말에 아무 말도 못 하고 한동안 서 있기만 했다.

우여곡절 끝에 세상에 선을 보인《사상계》창간호는 서점에 배포한 지 며칠 만에 절반 이상이 팔려나갔다. 장준하의 발걸음은 가벼웠다. 매일 시내 서점을 한 바퀴 도는 게 일이었다. 처음 창간호를 갖고 갔을 때는 달가워하지 않던 서점들이 잡지를 더 달라고 아우성이었다. 독자들이 한번 보고 버리지 않고 보관하고 싶은 마음만 갖게 하자 했는데 그게 들어맞았다. 양심에 부끄럽지 않다는 생각이 드니 신바람이 났다. 밥을 굶어도 힘든 줄 몰랐다.

《사상계》는 사무실도 없어, 장준하가 커다란 가방을 들고 집과 다방을 오가며 일을 했다. 잡지가 나오면 삼발이 차에 싣고 직접 서점을 돌았다. 장준하의 하루는 눈코 뜰 새 없이 돌아갔다. 오전에는 원고 청탁과 수집, 편집 일을 하고 오후에는 수금한 다음 저녁에 조판소로 나갔다. 조판은 글자 하나하나를 찾아서 판에 넣어서 문장을 만드는 일이었다. 인쇄용지 크기로 조판한 판을 찍어서 인쇄했다. 장준하는 조판공 옆에서 일을 돕고, 교정을 봤다.

밤 10시가 되면 퇴근하는 조판공들과 대폿집에 들렀다. 부산 시청 건너편 대폿집에는 후덕한 40대 아줌마가 반갑게 맞아 주었다. 조판공들이 그렇게 좋아하는 막걸리를 한두 잔 마시면서 같이 어울렸다. 조판공들은 자신들과 격 없이 어울리는 잡지사 대표를 좋아했다.《사상계》 원고는 늘 작업 1순위였다.

아침부터 밤 10시가 넘도록 일하고는 대폿집을 거쳐 집으로 돌아가면 으레 편집 보따리를 펴 놓았다. 김희숙이 편집일을 거들어 주어도 이것저것 뒤적거리다 보면 2시를 넘기기 일쑤였다. 고된 나날이고, 혼자의 힘으로 헤쳐나가야 했지만, 앞이 보이는 일이고 결과가 나타나는 일이라 마냥 즐겁기만 했다.

장준하는 전쟁터에서 지성을 이끌어 냈다. 먹을 것도 제대로 없는 피란살이지만 사람들은 교양에 목말라했다. 배는 곯아도 희망을 잃고 싶지는 않았다. 2호는 5,000부를 발행했다. 전쟁 통에도《사상계》는 나오기 무섭게 팔려나갔다. 장준하가 피란지에서 필자를 찾아 원고를 받아 내는 일도 그렇지만 저명한 인사들이 원고료를 의식하지 않고 글을 보내온 것도 기적이라 할 만한 일이었다. 장준하 개인의 능력을 넘어서는 일이었다. 피란지 부산은 그만큼 교양과 지식에 목말라 있었다.

《사상계》는 1953년 11월호까지 부산에서 발행하고, 서울로 올라왔다. 종각 옆 한청빌딩 4층에 6평짜리 사무실을 냈다.《사상계》는 독자들의 마음을 움직였지만 사업을 처음 해 보는 장준하에게는 시련의 연속이었다. 환율이 급등해 종잇값이 치솟기도 했고, 판매 예측을 잘못해 반품으로 돌아오기도 했다. 우여곡절은 계속됐지만《사상계》는 대중교양 잡지로 차근차근 자리를 잡아 나갔다.

1955년부터는 잡지 체제를 편집위원회 중심으로 바꾸었다. 대한민국 지성을 이끌던 학자들이 편집위원으로 대거 참여했고, 필진을 채웠다. 거기에 더해 장준하는 백만 원군을 얻었다. 해방 후 중국에 남아 동양사를 연구하던 광복군 동지 김준엽이 귀국해, 편집위원으로 참여했다. 사상계는 학술잡지 발간에도 재정지원을 했다.《교육문화》,《역사학보》등 장준하의 지원을 받아 잡지를 내기 위해 대한민국 대표적인 학자들이 한청빌딩을 수시로 찾았다. 사상계 사무실은 최고의 석학들이 모이는 공간이 되었다.

《사상계》는 편집위원 체제가 완성되고, 최고의 필진을 꾸리게 되자 대중잡지로 독자층 확장을 노렸다. 중심 독자를 대학생과 2, 30대 청년에 맞췄다. 포스터 300장을 만들어 대학 게시판에 붙이고, 전 직원이 새벽부터 대학 정문 앞에 나가 등교하는 학생들에게 전단을 나눠 줬다. 10만 장이 학생들 손에 들어갔다. 6월호에는 〈대학생에게 보내는 특집〉을 꾸며 대학생의 폭발적인 반응을 이끌어 냈다. 월간지를 3판까지 발행하는 기록을 세웠고, 그해 12월 송년호는 1만 부를 돌파했다.

"내가 무슨 글을 쓰나요?"

함석헌은 조용히 고개를 저었다. 안병욱 상임편집위원이 몇 번이나 원고를 청탁하러 갔지만 함석헌은 요지부동이었다. 함석헌은 외부 활동을 전혀 하지 않았다. 오직 묵상과 종교 활동만 하고 있었다. 안병욱 편집위원은 수시로 그의 집을 찾았다. 함석헌도 장준하와 사상계를 모르지 않았다.

'글쎄요'를 반복하던 함석헌이 마침내 승낙했다. 1956년 신년호에 〈한국 기독교는 무엇을 하고 있는가?〉라는 글을 실었다. 한국 기독교의 신성불가침론을 꾸짖는 글은 한국 사회에 커다란 충격을 불러일으켰다.

장준하는 신천 신성중학 시절 평안도에서 학생들의 존경을 한 몸에 받던 함석헌을 만나러 오산중학교에 찾아간 일이 있었다. 외출 중이라 학교만 둘러보고, '도깨비'라는 별명과 일화만 듣고 왔지만, 장준하는 그때부터 함석헌을 마음에 새기고 있었다. 《사상계》가 나오자마자 장준하는 안병욱과 함께 신촌 이화여대 앞에 사는 함석헌을 찾았다. 반갑게 맞는 함석헌과 인사를 나누며 선한 첫인상에 놀랐다. 어릴 때 듣던 독립운동가 도깨비 선생님이 수줍음 많고 잘생긴 노인이었다니. '이렇게 겸허한 노인이 그렇게 격렬하고, 날카롭고 무서운 글을 쓰시나.'

1957년 3월호에는 〈할 말이 있다〉를 발표했다.

"민중이 무표정이면 무표정일수록 구경하는 격이 되면 될수록 득권자들의 싸움은 점점 더 노골적이 되고 압박은 더욱더 꺼림 없이 된다. 그러면 비겁한 민중은 더욱더 무표정한 구경꾼이 됐다. 이리하여 원인이 결과를 낳고 결과가 원인이 되어 세계에서 다시 볼 수 없는 무언극의 역사가 엮어졌다. 참혹하지 않은가. 비통하지 않은가."

민중을 주인으로 내세운 함석헌의 글은 천주교 윤형중 신부와 격한 논쟁을 벌이게 되었다. 《사상계》 5월호에는 윤형중이 〈함석헌 선생에게 할 말이 있다〉를 실었고, 6월호에는 함석헌이 〈윤형중 신부에게 할 말이 없다〉를 실어 그의 논지를 비판했다. 함석헌은 반박하면서도 민중에게 직접 호소하는 글을 썼다. 《사상계》 종교 논쟁을 벌인 함석헌의 글은 《사상계》를 독보적인 위치로 올려놓아, 4만 부를 발행하는 대형 잡지가 되었다. 독자들은 함석헌의 글을 읽으려 《사상계》가 나오기만을 기다렸다.

그러던 어느 날, 함석헌은 돌연 절필 선언을 했다. 〈할 말이 없다〉 원고 일부가 잘려 나갔기 때문이었다. 자신의 글이 장준하의 손에서 지워졌다는 게 충격이고 아픔이었다. 함석헌은 원고에서 이승만 대통령에게 국민을 속인 잘못을 인정하고, 회개하라고 했다. 한국전쟁 당시 시민들에게 서울은 안전하니 안심해도 좋다고 하고서는 몰래 도망간 책임을 물은 것이다. 훈장을 단 군인들에게도 쓴소리를 했다. 부모, 형제가 죽었는데 무슨 훈장이냐고. 〈할 말이 없다〉 원고가 그대로 실리면 감옥에 갈 게 분명했다.

편집위원들은 문제 부분을 삭제해야 하는지, 원문 그대로 실어야 할지 결정을 못 내렸다. 최종 판단은 장준하의 몫이었다. 이 글이 나가면 상이용사들이 벌떼처럼 달려들 것이고, 이승만 정부가 가만있지 않을 게 분명했다. 《사상계》가 폐간당할 수도 있는 사안이었다. 폐간은 감당할 수 있었다. 함석헌을 감옥에 보내는 것만은 할 수 없었다.

함석헌은 용납하지 않았다. 1년이 지나 한국전쟁 8주년 특집 원고를 요청받을 때까지 단 한 줄의 글도 보내지 않았다. 시간이 약이었다. 그 사이 함석헌은 장준하의 고민이 무엇이었는지 알게 돼 많이 누그러졌다. 편집장의 반복되는 간청과 설득에 계속 모른 체하기도 어려웠다. 계창호 편집장이 받아온 함석헌의 원고를 들고 장준하는 바로 읽기 시작했다.

"이 어른, 정말 못 말리겠네!"

원고에는 지난 호에서 삭제한 글이 고스란히 되살아나 있었다. 이대로 실으면 함석헌은 온전치 못할 것이다. 그러나 어쩔 수 없었다. 《사상계》 1958년 8월호에 함석헌의 〈생각하는 백성이라야 산다〉가 실렸다. 예상한 대로 반응은 바로 왔다. 함석헌은 서울시경에 연행돼 국가보안법 위반으로 구속됐다. 장준하, 안병욱도 조사를 받았지만 풀려날 수 있었다. 경찰은 《사상계》 8월호를 압수해 폐기하려 했다. 서점 주인들은 경찰이 오면 감추었다가 몰래 꺼내서 책을 팔곤 했다. 20일 동안 옥살이를 마치고 출소하던 날, 함석헌을 맞이하는 장준하는 한없이 기뻤다.

"선생님, 이제는 《사상계》를 아주 선생님의 잡지로 아시고 무슨 말씀이든지 기탄없이 써 주십시오."

"나더러 사상계를 맡으라고? 아주 감옥에서 살라는 말이구먼……."

《사상계》는 최고의 정론지로 자리 잡았다. 함석헌의 글에 더해 장준하의 '권두언'이 큰 역할을 했다. 1958년 12월 24일 국가보안법 개정안을 통과시키기 위해 무술 경위 300여 명을 동원해 야당 국회의원들을 끌어내 지하실에 감금하는 일이 벌어졌다. 항의하는 의원은 몽둥이로 두들겨 패기까지 했다 '보안법 파동'이라고 불리는 이승만 정권의 폭력 행위에 《사상계》는 〈무엇을 말하랴—민권을 짓밟는 횡포를 보고〉라는 제목만 붙인 백지 권두언을 내면서 분노와 항의를 표시했다. 사람들은 사상계 권두언을 보기 위해 한 달을 기다렸다.

혁명과 쿠데타,
장준하의 역할

"총을 들고 막아서다니요. 경찰이 언론사의 강연을 방해하는 겁니까."

목소리를 높이지 않았지만 강한 어조에 경찰 책임자는 주춤했다. 강당을 포위하듯 둘러싸고 있던 경찰들은 장준하의 서슬퍼런 기세에 그만 기가 죽었다. 경찰들은 슬그머니 비켜서 입구를 터 주었다. 장준하는 주변을 서성이던 사람들과 함께 강당 안으로 들어섰다.

사상계사가 주최하는 전국순회시국강연회에 국민들 반응은 뜨거웠다. 전주에서도 강당을 가득 메웠고, 광주에 1,000여 명의 시민이 몰려들었다. 연단에 커다란 얼음기둥을 두 개 세워 놓았지만, 찜통이 된 강당을 식히기엔 벅찼다. 사람들은 연신 부채질을 하면서도 강연자의 말 한마디도 놓치지 않으려 집중했다. 중간중간 박수가 터져 나왔다.

함석헌을 비롯해 김준엽, 안병욱 등 《사상계》 편집위원과 필자들이 강원·영남과 충청·호남으로 나누어 전국을 돌았다. 전라도는 전주, 남원 등지를 돌고 광주로 왔고, 여수 지역을 순회하는 일정이었다. 시국강연회는 지성과 문화에 목말라하던 지방에 큰 활력소가 되었다. 이승만 정권의 실체를 낱낱이 밝히는 자리이기도 했다. 강연회가 열리는 도시는 그야말로 축제의 장이었고 다른 한편으로는 전쟁터기도 했다.

강연장마다 경찰의 방해가 심했다. 경찰은 주최 측의 일거수일투족을 감시하고 미행을 붙였다. 소도시를 돌 때는 강연장 수백 미터 앞에 새끼줄을 쳐서 청중이 못 오게 방해하곤 했다. 대한민국 최고의 학자들이 완행열차를 타고 이동하면서 강연했고, 강연이 끝나면 허름한 여관에서 모기장을 치고 함께 잠을 청했다. 장준하도 항상 동행했다.

장준하는 국민정신을 깨우치는 일이야말로 언론이 마땅히 할 역할이자 책임이라 생각했다. 일제 강점기에도 브나로드 운동을 펼치고, 강연회를 열었던 민족신문의 역할을 가슴에 새기고 있었다. 장준하는 중학 시절 신문사에서 여는 강연회는 빠짐없이 참석하곤 했다. 고향에서 야학을 하면서, 강연을 들으면서 가슴에 새기고 배웠던 일을 이제 언론사 대표가 되어서 실천하게 됐다.

장준하의 《사상계》와 전국순회시국강연이 국민의 가슴에 불을 지피는 사이에도 이승만 정권의 폭력성은 갈수록 심해져 갔다. 이승만을 국부라 부르고, 신격화하기까지 했다. 정적으로 떠오른 진보당 대표 조봉암을 국가보안법 위반으로 체포했다. 제3대 대통령 선거에서 무려 216만 표를 얻어 이승만의 간담을 서늘케 했던 조봉암을 그냥 둘 수 없었다. 고등법원에서 사형이 선고되고, 이듬해 7월 31일 대법원에서 변호인단의 사형재심청구를 기각한 지, 18시간 만에 조봉암은 형장의 이슬로 사라져 갔다.

이승만은 영구집권을 꿈꿨다. 대통령 욕심은 끝이 없었다. 대통령 선거일을 두 달 앞당기는 꼼수를 부렸다. 갑작스럽게 야당 대통령 후보가 사망하는 바람에 대통령 선거 없이 부통령 선거만 치러졌다. 자유당은 이기붕 후보 당선을 위해 물불을 가리지 않았다. 돈을 뿌렸고, 행정력을 총동원해 부정 선거를 대놓고 했다.

2월 28일 대구에는 야당 부통령 후보 장면의 선거 유세가 있었다. 유세를 막기 위해 비상이 걸렸다. 고등학교는 일요일인데도 등교를 시켰다. 영화 상영을 하거나 갑자기 시험을 보기도 했다. 학교에 나온 학생들은 부글부글 끓었다. 경북고등학교 학생들이 교문을 박차고 나갔다. 이 소식을 들은 대구 시내 고등학생들이 모두 거리로 나와 시위에 참여했다.

시위는 서울로 번졌고, 전국에서 고등학생의 시위가 뜨거웠다. 시민들 분노가 커져도 부정 선거는 멈추지 않았다. 투표용지를 손으로 문질러 인주가 번지게 해 무효표를 만드는 정도는 그나마 봐줄 만할 정도였다. 아예 미리 만들어 놓은 투표함으로 바꿔치기하기도 했다. 여당표가 투표자 수보다 많이 나오는 경우도 허다했다. 투표 결과를 조작해 다시 발표하기도 했다. 불리한 지역 투표함에는 불을 지르기도 했다. 시위가 갈수록 거세지자 계엄령을 선포해 진압하려 했지만 이미 감당할 수 없는 상황에 이르렀다.

마산에서 불꽃이 일었다. 3월 15일 마산시청에는 1만 명이 모이는 거대한 시위가 벌어졌다. 하루 종일 시위가 이어졌다. 시위대는 해가 져도 집으로 돌아갈 생각이 없었다. 물을 뿜으며 시위대에 달려들던 소방차가 난데없이 무악초등학교 앞 전신주를 들이받았다. 고압선이 끊겨 전기가 나가, 순식간에 마산 시내가 암흑에 잠겼다. 모든 움직임이 멈췄다. 어둠 속에서 총소리가 천둥 치는 소리를 냈다.

지프와 소방차가 헤드라이트를 쏘아대며 시위대를 쫓았다. 총소리와 비명이 뒤섞였다. 밤은 혼란스러웠다. 공포의 시간은 자정까지 이어졌다. 여덟 명이 사망하고 80여 명이 부상했다. 시민들은 두려움에 집 밖으로 나오지 못했다. 봄이 한창이었지만 바닷바람은 음산했다. 사람들 사이로 실종한 학생이 보름이 넘도록 보이지 않는다는 말이 오갔다.

4월 11일 신포동 부둣가에서 사라졌던 열일곱 살 김주열이 사체로 떠올랐다. 경찰이 시신을 마산항에 내다 버렸다가 사람들이 몰려오자 도립병원에 숨기려 했다. 마산 시민들이 경찰을 밀어내고 병원에 들어갈 수 있었다. 마산상고 합격생 김주열이 눈에 최루탄이 박힌 참혹한 모습으로 사람들 앞에 얼굴을 드러냈다. 시신을 빼돌리기 전에 부산일보 기자가 사진을 찍었다. 끔찍한 모습이 그대로 신문에 실렸다.

"살인 선거 물리치자."

마산의 고등학생들이 다시 거리로 나왔다. 시위는 전국으로 불이 붙었다. 서울에서도 10만여 명이 세종로, 태평로 일대를 가득 메웠다. 시위대의 중심은 고등학생이었다.

4월 19일 서울에서도 경찰의 저지선이 무너졌다. 광화문으로 향하는 길목은 모두 인파로 가득 찼다. 시위대는 태평로에 있는 국회의사당을 에워쌌다가 경무대와 이기붕의 집을 향했다. 경무대 앞에서 경찰은 총을 겨누고 있었다. 발포 명령이 내려졌다. 앞장서서 구호를 외치던 사람들이 나뒹굴었다. 피가 도로를 적셨다. 도로는 갑작스럽게 텅 비었다. 밀물이 되어 몰려왔다. 다시 총소리가 도심을 흔들었다. 희생자가 늘어났다. 피의 화요일, 시민들은 물러날 생각이 없었다.

어디선가 탱크가 나타났다. 구호 소리가 사그라들었다. 얼어붙은 시민들은 멍한 얼굴로 다들 한쪽을 바라봤다. 요란한 소리를 내며 계엄군 탱크가 군중 속으로 들어왔다. 탱크 위 군인들의 총은 시민을 향하지 않았다.

"우리는 같은 국민입니다."

시위대는 국군 만세를 외쳤다. 계엄군을 부둥켜안고 우는 사람도 있었다. 탱크 위에는 몇몇이 올라갔다. 환호성이 광화문을 울렸다. 이날 스물한 명이 사망하고 172명이 다쳤다.

장준하와 사상계사 식구들은 창문 밖 종로통을 가득 메운 시위대를 바라보았다. 사람들은 사상계사 깃발을 보며 환호를 했다. 다들 손짓하고 지나가고 있었다. 《사상계》는 민중의 잡지였다.

"장 사장, 내 다녀오겠소."

김준엽이 한청빌딩을 뛰어 내려갔다. 거리에는 교수들이 플래카드를 앞세우고 행진하고 있었다. 더 이상 젊은이들을 죽일 수 없다는 각오였다. 사상계 직원들도 대열에 합류했다. 4월의 하늘은 맑았다. 장준하와 함석헌은 도도히 흐르는 민중의 바다를 말없이 지켜보았다.

이승만 정권이 무너졌다. 장준하는 4월 혁명 과정에서 시민들이 《사상계》에 보여 준 무한한 신뢰에 어떻게든 답을 해야 했다. 광장에서는 사상계사 깃발을 단 지프가 자유롭게 누비고 다닐 수 있었다. 시민들은 사상계 깃발을 보고는 박수를 치고, 길을 터 줬다.

《사상계》는 교양의 샘터였고, 지성의 본산이었다. 독재 정권에 저항하는 국민의 사상적 교두보이기도 했다. 장준하는 4·19 혁명이 일궈 놓은 민주주의 장에서 지식인의 역할을 깊게 고민했다. 《사상계》 1960년 6월호 권두언에서 혁명과업 완수를 주장했다.

"경무대 어구에서, 광화문 네거리에서, 마산의 부둣가에서 또한 전국 각지에서 독재자의 흉탄에 피를 뿌리며 쓰러지던 젊은이들이 최후까지 외치던 구호는 '자유'요, '민권'이요, '대한민국 만세'였었다. 이 땅에 혁명을 가져온 모든 젊은이들의 가슴속에는 오직 독재를 물리치고 '자유'와 '민권'을 완전히 누릴 수 있는 복된 나라 대한민국을 이룩하겠다는 정성뿐이었음을 역연히 볼 수 있다."

혁명은 성공했지만 민주 정권은 허약했다. 정국은 혼란스러웠고, 주장은 넘쳐났다. 장준하는 충칭의 임시정부 시절이 악몽처럼 떠올랐다. '못난 조상이 되지 말자 했는데, 내 길은 어디인지 인도'해 달라고 기도했다. 스스로 답을 찾아야 했다. 사상계사에 국제연구소를 설치해 연구위원 30명을 뽑아 활동하기 시작했다. 연구위원은《사상계》주요 필자였다. 연구 논문은《사상계》특별부록으로 출간할 수 있었다. 사상계사는 잡지사를 넘어 국가의 싱크탱크 역할을 했다.

《사상계》필자 일부가 장면 정권에 들어갔다. 김영선도 그중 하나였다. 재무부 장관을 맡았다. 그가 연일 찾아와 장준하를 설득했다. 독재에 시들고 가난에 지친 국민에게 희망을 보여 주라고, 사상계가 나서야 한다고 날마다 찾아와 강권했다.

"나는《사상계》만으로도 벅찹니다. 잡지 내느라 빚도 많고요."

"아니 무슨 빚을? 없어서 못 보는《사상계》인데, 빚이라니요?"

"그렇게 됐어요. 환율이 갑자기 뛰어 난데없이 빚더미에 앉게 되었구려."

장준하의 설명을 들은 김영선은 환율 정책의 실패는 정권이 책임져야 한다면서 정부에서 상환해 주겠다고 나섰다. 빚 핑계를 댔지만, 장준하도 고심하고 있었다. 이승만 정권 시절 전국 순회시국강연회에서 만난 국민을 잊을 수 없었다. 그들의 눈에서 희망을 보았다. 강 건너 불구경하듯 지켜볼 수만은 없었다.

민중의 힘으로 민주주의가 시작됐는데 정치하는 사람들에게만 맡겨서 될 일이 아니었다.

《사상계》는 편집위원에 맡기고, 나라 일에 뛰어들기로 했다. 이 일은 젊은 지식인이 나서야 할 일이다. 근본부터 뒤집어 나라의 새로운 토대를 닦아 놓고 싶었다. 장면 총리의 요청을 받고 장준하와 국제연구소 연구위원들이 참여했다. 장준하는 국토건설본부 기획부장 겸 본부장 대리를 맡았다. 본부장이 장면이었으니 실질적인 책임자였다. 국토건설사업은 대규모 공공사업 프로젝트인데, 이 기구는 민간과 행정기관이 함께 운영하는 독립기구였다. 정부 관료의 경험과 민간의 새로운 지식, 기획능력을 결합한 새로운 실험이었다. 함석헌도 이 사업에 참여했다. 내용상 사상계 팀이 사업을 맡은 셈이었다. 장준하의 참여가 말해 주듯 지식인들은 당당하게 정관계에 진출했다.

《사상계》 편집위원이던 신응균 장군, 이만갑 교수, 일제 강점기에 한강철교를 설계한 실력자 최경렬 등이 각각 관리, 조사연구, 기술 등의 부서를 맡았다. 관리, 기술 부문에는 공병의 지원을 받아 현역, 예비역 군인을 대거 기용했다. 장준하에게는 밤낮이 없었다. 일을 시작하면 멈추거나 쉬는 성격이 아니었다. 대학 졸업생 2,000여 명을 공채로 선발했다. 2달간 교육하고 수료식을 했다. 수료식을 마친 국토건설사업 요원들은 3·1절을 맞아

시가행진을 벌였다. 작업복에 삽 한 자루씩을 맨 채 서울 중심가를 행진했다.

건설 요원을 전국 농어촌에 배치했다. 6개월간 현장 활동을 한 다음 중앙 관서에 기용하고, 다시 1년간 전국을 돌면서 현장 감각을 익혀야 했다. 3년간 경험을 쌓은 후에는 지방에 군수로 내려보내 지역을 책임지게 한다는 혁신적인 구상이었다.

국토건설 사업은 댐 건설과 같은 대규모 에너지 개발 사업까지 광범위하게 추진하려 준비 중이었다. 가장 먼저 착수한 사업은 농로와 하천부지 정비 등 농번기 농촌을 대상으로 한 소규모 사업들이었다. 이 일을 국토건설 요원이 민과 관을 긴밀하게 연결하면서 지원했다. 건설 현장은 사람들로 붐볐다. 하루 일을 끝내면 품삯으로 돈과 쌀, 보리, 비누, 광목 등과 같은 물건을 섞어 주었다.

국토건설사업을 국민운동 형태로 추진해 4·19혁명을 완성하고 싶었던 장준하에게 시간이 부족했다. '혁명적 과업을 비 혁명적 방법으로 수행한다'는 민주당 정부의 계획은 시작 단계에서 멈출 수밖에 없었다. 장준하의 공직 생활도 더불어 짧았다. 농업을 기반으로 한 중공업의 발전을 이루는 비전은 1년을 못 채우고 탱크에 짓밟히고 말았다.

장준하,
박정희와 정면으로
맞서다

서해 최전선을 지키던 해병대 부대가 전선을 비우고 서울로 향했다. 그 사이 박정희는 영등포 6관구 사령부를 장악했다. 군사 쿠데타가 일어났다. 쿠데타군은 한강대교를 건너 가장 먼저 KBS 방송국으로 쳐들어갔다. 육군 본부는 이미 내부에서 장악한 상태였다. 아침 해가 뜨기 전에 전국을 장악했다.

자고 일어났더니 하루아침에 세상이 바뀌어 있었다. 중앙청 앞에 탱크가 시민을 향해 섰고, 대검을 찬 군이 시설을 지키고 있었다. 이틀 후인 5월 18일 육사 생도와 군인들이 시가행진을 벌였다. 군이 모든 것을 장악했다는 시위이자 무력 과시였다. 군은 서울시청에서 쿠데타의 성공을 선언하고, 그날 장면 총리는 사퇴 성명을 발표했다.

"부패하고 무능한 현 정권과 기성 정치인들에게 더 이상 국가와 민족의 운명을 맡겨 둘 수 없다."

쿠데타군의 명분이었지만, 이들은 4·19혁명으로 제2공화국이 수립된 지 열흘 만에 쿠데타를 준비했다. 군사혁명위원회는 국토건설본부의 모든 내용을 접수했다.

장준하는 처음에는 5·16 군사 쿠데타에 대해서 부정적이지 않았다. 혁명 공약에 대해 오해를 했거나 군에 대해서 지나치게 관대했다. 쿠데타를 반기는 시민들도 있었을 만큼 군의 갑작스러운 쿠데타에 대개 혼란스러워했다. 오류는 길지 않았다. 장준하는 얼마 지나지 않아 자신의 입장을 바로잡았다. 《사상계》 1960년 7월호 권두언은 〈긴급을 요하는 혁명 과업 완수와 민주정치에로의 복귀〉였다. 함석헌의 글 〈5·16을 어떻게 볼까?〉는 4·19와 5·16을 비교하며 쿠데타를 정면으로 비판했다.

"이번은 밤중에 몰래 갑자기 했다. 그만큼 정신적으로도 낮다. …… 혁명은 민중의 것이다. 민중만이 혁명할 수 있다. 군인은 혁명을 못 한다. 아무 혁명도 민중의 전적 찬성·지지, 전적 참가를 받지 않고는 될 수 없다. …… 내놓고 꾸미는 혁명은 참 혁명이 아니다."

박정희에게 《사상계》와 장준하는 눈엣가시였다. 장준하도 군인에 대한 믿음을 거둔 지 오래였다. 박정희의 실체를 확실하게 깨달았다. 신념과 원칙을 중요하게 생각하는 장준하에게 일본 천황에 충성을 맹세한 박정희는 믿을 수 없는 인물이었다. 장준하의 길고 긴 투쟁, 박정희와의 전쟁 그 서막이 열렸다.

7월호를 배포하고 4, 5일쯤 지났을까. 군인 둘이 사상계를 찾아왔다. 계급장은 없었다. 사장과 편집책임자를 찾았지만 마침 자리에 없었다. 다음 날 아침 7시에 그들이 장준하와 고성훈 취재부장을 데려간 곳은 남산 중앙정보부[중정] 건물이었다.

중앙정보부장 김종필이 들어왔다. 권총을 풀고 앉은 그에게 누군가 두툼한 서류 봉투를 건넸다. 그 안에는 《사상계》 7월호가 있었다. 책은 온통 붉은색으로 밑줄이 쳐져 있었다. 김종필 중앙정보부장이 책상 위에 책을 던지며 신경질적으로 반응했다.

"당신이 사상계 대표요? 정신분열자 같은 영감쟁이 글을 실은 이유가 뭐요? 성스러운 혁명을 모독하는 것 아니오?"

장준하는 주눅 들지 않았다. 이미 오래전부터 목숨을 내놓고 살아왔다. 광복군 출신이 쿠데타를 일으킨 자들에게 부끄러운 모습을 보일 수는 없었다. 하나씩 따져가며 설명했다. 장준하와 김종필의 논쟁은 계속됐다. 강압적으로 물리력을 행사할 거라 예상했는데, 의외였다. 쿠데타로 2인자가 된 자신감이었을까. 무슨 꿍꿍이가 있는지 모르지만 장준하는 소신을 차분하게 밝혔다. 김종필은 군인들과의 관계를 물어보기도 하고, 민정 복귀에 대한 의견을 묻기도 했다. 마침내 살얼음판을 걷던 긴장은 사라졌다.

문제가 해결됐다 싶었는데, 불똥은 엉뚱한 곳에서 튀었다. 서울시청에 자리 잡고 있던 '부정축재처리위원회'에서 출두명령서를 보내왔다.

"너 김영선한테서 얼마를 받았어?"

호리호리한 육군 소령이 다그쳤다. 군인의 위세가 하늘을 찔렀다. 장준하는 혁명검찰, 혁명재판소, 서울지방국세청 등에 불려 다니며 조사를 받았다. 김영선으로부터 받은 돈 1,000만 환을 연말까지 나눠서 내는 것으로 일단락되었다.

쿠데타 세력은 박정희를 국가재건최고회의 의장으로 세우고 '정치활동정화법'을 발표했다. 부정축재자를 앞세워 정당의 지도자, 전직 고위관리, 남북학생회담 대학생 대표 등 4,374명의 발을 묶었다. 장준하는 순식간에 부패 언론인의 오명을 뒤집어썼다. 악의적인 소문이 나돌았지만, 《사상계》의 논점은 수그러들지 않았다. 군부를 향해 날을 세웠다. 희소식은 나라 밖에서 날아왔다. 장준하가 막사이사이상 수상자로 선정되었다는 소식이었다. 언론 노벨상이라 불리는 권위 있는 상을 한국인으로서는 최초로 받게 되었다. 막사이사이상은 부패 언론인이라는 오명도 씻어 주었다. 장준하는 다시 활력을 찾았다.

박정희 쿠데타 세력의 본심은 얼마 지나지 않아 노골적으로 드러났다. 장교들은 박정희의 군 복귀를 반대하는 집단 시위를 벌이며 위력을 과시했다. 누구도 나서지 못하고 겁을 먹고 움츠리고 있었다. 장준하는 거침없었다. 1963년 4월호부터 《사상계》는 군정 연장 반대 특집을 이어갔다. 4월호는 초판 5만 부가 1주일 만에 매진됐고, 3판까지 발행했다. 7월호 특집 제목은 〈군정의 영원한 종식을 위하여〉였다. 쿠데타 세력에게는 걸림돌도 보통 걸림돌이 아니었다.

7월호가 서점에 배포되고 나서야 4월호, 5월호 반품이 들어오기 시작했다. 다 팔린 줄 알았던 잡지가 갑자기 반품되어 돌아왔다. 반품은 트럭에 가득 실려 창고에 부려졌다. 직원들이 상황을 파악하고, 서점 주인에게 항의했지만 속수무책이었다. 다음 달도 서점에 나간 책이 고스란히 반품으로 들어왔다.

"죄송합니다. 저도 살아야 해서……. 정말 미안하게 됐습니다."

사상계는 창고는 물론 사무실도 반품으로 발 디딜 틈도 없었다. 트럭은 줄이어 서 있었고, 폐기물 처리장에도 산을 이루었다. 6만 부가 넘는 반품을 한두 달 사이에 쏟아 냈다. 도매상들은 교과서를 공급하는 지역 유지들이었다. 정권에 밉보이면 사업을 접거나 꼬투리를 잡혀 감옥살이를 해야 하는 걸 너무도 잘 알았다. 고사 작전은 먹혀들었다. 《사상계》를 계속 주문해 쌓아두었다 반품을 하라는 기관원의 지시를 거역할 도매상은 없었다. 독자들의 주문이 빗발쳐도 모른 체했다.

발행 부수를 줄여도 《사상계》를 서점 창고에서 꺼내지 않는 데는 뾰족한 방법을 찾기 어려웠다. 도매상은 책을 창고에 처박아두고 아주 일부만 소매상에 풀어 주는 흉내만 냈다. 《사상계》를 사고 싶어도 살 수 없었다. 사상계 직원과 장준하는 반품 덩어리 속에 파묻혀 표지를 뜯어내는 게 일이었다. 중고서점에 잡지가 헐값에 팔리는 것을 막고, 재생용지로 사용할 수 있게 하기 위해서였다. 자존심까지 무너뜨릴 수는 없었다.

순식간에 부채가 늘어났다. 원고료 지급도 어려워 사채를 쓰기도 했다. 인쇄용지를 선뜻 내주려 하지 않아 잡지 제작도 차질을 빚었다. 인쇄업체에도 은밀하게 압력이 가해졌다. 사람들은 《사상계》를 살리기 위한 장준하의 노력을 외면했다. 부채의 규모도 규모지만 장준하를 돕는 일이 두려웠다. 군인들과 정면으로 맞서는 일이었다. 그래도 《사상계》는 비판의 논지를 멈추지 않았다. 《사상계》는 정기구독자에게만 책을 보내고, 직접 확답받은 서점에만 잡지를 보냈다.

군인은 군으로 돌아가지 않았다. 약속은 버려졌고 박정희는 군복을 벗었다. 나라 전체가 군의 완전한 통제 속에 있었다. 중정이 직접 나서 민주공화당을 만들고, 박정희는 민주공화당 후보로 대통령 선거에 나서 합법적으로 대통령 자리에 올랐다. 박정희 정권이 가장 먼저 한 일은 일본과 국교 정상화였다. 군인들의 허울 좋은 민족관은 일본과 관계에서 본모습을 드러냈다. 일본과 불편한 관계를 계속 가져갈 생각이 아예 없었다.

국교 정상화는 해방 이후부터 지속해 왔던 어려운 문제였다. 일본의 사죄와 배상금 액수, 어업 평화선 등의 문제로 대립하고 있었다. 이승만은 일본의 문제만큼은 강경했다. 박정희 정권은 어떻게든 빨리 문제를 해결해 일본과 협력 관계를 가지고 싶었다. 일본 육사 출신 대통령과 친일파로 채워진 정권에서 일본의 사죄는 그다지 중요한 문제가 아니었다. 일본과 협상에 정부 부처가 아닌 중정이 전면에 나섰다. 역적이라 불려도 한일협상을 해결하겠다면서 김종필은 공공연하게 일본의 입장을 반영했다. 김종필이 은밀하게 일본에 들어가 오히라 마사요시 외무대신과 협상을 벌였다.

"너는 정말 이 나라의 정부냐? 왜의 정부냐?"

함석헌은 《사상계》에 〈매국 외교를 반대한다〉 원고를 실어 한일회담의 진실을 밝혔다. 긴급 증간호를 낸 《사상계》 1964년 4월호는 한일회담 반대 교과서가 되었다. 국민은 분노했다. 일제강점기, 식민지 백성으로 태어나 고통을 받으며 살아 낸 사람들이 느끼는 배신감은 말 그대로 하늘을 찔렀다. 시위가 전국 곳곳에서 벌어졌다. 《사상계》를 읽은 시민들은 장준하를 불러냈다. 장준하는 적극적으로 호응했다. 부산에서 시작해 서울로 오는 군중 집회에 나섰다. 부산 집회에는 10만 명이 환호했고, 마지막 서울 장충단공원에는 70만 명이 모여 일대 교통이 마비될 정도였다. 집회는 대규모 시위로 이어졌다.

서울의 대학생은 '제국주의자 및 민족반역자' 화형식을 하고 거리로 진출했다. 4·19혁명 이후 최대 시위가 벌어졌다. 고등학생도 거리로 나섰다. 김종필 중앙정보부장과 일본 오히라 외무대신이 은밀하게 약속한 메모가 있다는 사실이 알려지면서 시위는 갈수록 격해졌다. 6월 3일에는 3만의 학생, 시민이 박정희 정권 타도를 외쳤다. 경찰저지선을 뚫고 광화문까지 진출해 청와대 외곽의 방위선을 무너뜨렸다. 국회의사당은 이미 점령한 상태였다. 지방에서도 격렬한 시위가 벌어졌다.

3개월여 이어진 국민의 반대에 대한 답은 군의 동원이었다. 비상계엄령을 선포했다. 탱크가 서울 도심으로 밀고 들어왔다. 4개 사단 병력이 서울 전역을 차단했다. 온 나라가 얼어붙었다. 장준하는 급히 피신해 허름한 호텔에 숨어들었다. 대학은 휴교령이 내려졌고, 언론과 출판은 사전 검열을 받았다. 정치인, 학생, 언론인 가릴 것 없이 붙잡혀 갔고, 수많은 사람이 옥살이를 해야 했다. 중정은 장준하를 체포하기 위해 경찰력을 동원하여

두 달 동안 찾았지만 허사였다. 7월 말 계엄령이 해제되자마자 장준하는 다시 전국 대학교와 교회를 다니며 강연을 계속했다.

여전히 바쁜 나날이었다. 갑자기 종로세무서 직원 10여 명이 몰려왔다. 사상계사의 장부와 문서 전체를 압류하고는 세무사찰을 한다고 했다. 장준하는 걱정하지 않았다. 세금만큼은 환급받을 만큼 철저하게 관리했기 때문이다. 조사 결과는 정부가 얼마간 세금을 돌려줘야 할 정도로 많이 냈다는 결론이었다. 허망한 결과여서 안심했는데, 세무서 직원들이 다시 대거 몰려왔다. 쉽게 끝낼 생각이 없어 보였다. 장부를 뒤지는 정도가 아니라 거래처까지 모두 조사하겠다고 설쳐댔다.

억지 세무사찰의 결론으로 세금을 내지 않은 액수가 100만원이 넘는다면서 벌금을 내라고 통보했다. 어이가 없었다. 재심을 청구했지만 이유 없다고 반려됐다. 행정소송을 내기로 했다. 불똥은 사상계사에만 떨어진 게 아니었다. 사상계사와 조금이라도 거래가 있는 사업체는 전부 세무조사에 들어갔다. 거래처는 버틸 재간이 없었다. 난데없는 폭격에 다들 휘청거렸다. 이제 망하게 생겼다고 통사정을 했다. 억지도 이런 억지가 없었다. 여기에서 더 버티면 주위에 억울한 피해자가 늘어나니 어쩔 수 없었다. 눈 뜨고 당할 수밖에 없었다.

장준하는 부채에 벌금까지 더해져 감당하기 어려워졌다. 신촌의 집을 팔아 빚 일부를 갚고 친구가 운영하는 여관방으로 옮겼다. 빚에 시달리는 《사상계》를 인쇄할 곳도 없었다. 중정의 감시와 협박을 피해 몰래 인쇄를 돌려야 했다. 밤새 제작해서 정기구독자에게 우편으로 보내는 일은 비밀리에 치러졌다. 제본소에서 표지가 뜯겨 나가기도 했다. 일간지 사진기자가 지붕에 올라가 슬레이트 사이 구멍으로 책을 찢는 사복 경찰들을 찍어 신문사로 보냈지만, 다음 날 기사에는 실리지 않았다.

사람들이 사상계 사무실로 빚을 받으러 몰려오고, 가구에 압류 딱지가 붙었다. 사무실과 직원을 줄여도 버티기 어려웠다. 정권의 눈치를 보며 원고 청탁을 거절하는 필진이 늘었다. 장준하의 자식들은 차비가 없어 학교에 걸어 다녀야 하는 처지까지 어려워졌다. 장준하가 급성간염으로 쓰러졌다.

1965년 6월 22일 국회에서 야당 없이 한일협정이 비준됐다. 장준하는 병원에서 글을 써 긴급증간호에 〈한일협정을 폐기하라〉는 권두언을 실었다. 퇴원 후에는 9월호에 다시 권두언을 싣고 대중 앞에 나섰지만 야당은 지지부진했다. 통합과 분당을 거듭했다. 그 사이 8월에는 월남베트남 파병 동의안이 의결됐고, 1966년 3월에는 증파 안이 통과되었다. 10월에는 사카린 밀수 사건이 터졌다.

삼성의 창업자 이병철은 한국비료 공장건설의 차관을 들여오면서 리베이트 100만 달러를 받았다. 박정희 정치자금으로 바치기 위해 사카린을 밀수했다가 들통 난 사건이었다. 대구 수성천변 민중당 주최 규탄대회에 연사로 나선 장준하는 주저하지 않았다. 사건 내막을 폭로하면서 공개적으로 비판했다. 누구도 입 밖에 낼 수 없는 금기를 깨트렸다.

"박정희는 밀수 왕초다."

"미국 대통령은 한국 청년의 피가 더 필요해서 우리나라에 오는 것이다."

장준하는 10월 26일 국가원수모독죄로 구속됐다. 장준하는 감옥에 들어갔고, 《사상계》는 빈사 상태에 빠졌다.

"그래도 죽지 않는 《사상계》를 기어코 없애야겠다는 듯이 이번에는 나를 형무소에 옮아 넣었으니 그로써 그들이 나에게 할 수 있는 방법은 죄다 동원한 셈이었다. …… 그리하여 다른 투쟁 방법으로 택한 것이 내가 정계에 발을 들여놓게 된 동기가 되고 그때 나의 《사상계》는 숨을 거둔 셈이다."

《사상계》의 사망 선고는 장준하를 정치 일선으로 몰아세웠다. 언론인에서 정치인으로의 변신은 시대의 요구이기도 했다. 1967년은 대통령과 국회의원 선거가 있는 해였다. 박정희가 집권을 연장하려 하는데 야권은 분열된 상태였다. 장준하는 본격적으로 정치 일선에 나섰다. 두 달 감옥에 있는 동안 야권 통합과 대통령 후보 단일화가 추진됐지만 다섯 명의 유력 후보들은 모두 출마 의사를 굽히지 않았다. 한자리에 앉히기도 어려웠다. 이 일에 장준하와 《사상계》가 나서기로 했다. 마침내 4자회담이 성사되었다. 당수는 유진오, 후보는 윤보선이 되었다. 장준하는 선거 캠프에 뛰어들어 유세에 나섰다.

"박정희는 일본 천황에게 충성을 맹세하고 일본군 장교가 되어 광복군에게 총부리를 겨눈 자다. 이런 자가 대통령으로 있는 것은 우리 국가와 민족의 수치이다.", "박정희는 청년을 월남에 팔아먹고 그 피를 판 돈으로 정권을 유지하고 있다.", "박정희는 남로당 조직책으로 지하 조직 활동을 한 사람이다."

장준하가 무섭게 박정희를 몰아쳤다. 유세장은 찬물을 끼얹은 얼음장이 됐다. 장준하는 아랑곳하지 않았다. 두려움을 깨지 않고서는 폭력 앞에 굴복할 수밖에 없었다. 몸을 던져야 비로소 금단의 벽을 깨트릴 수 있다 믿었다. 장준하는 대통령선거법 위반으로 박정희 정권에서 두 번째 구속이 됐다.

장준하는 투쟁 방법을 바꿔 옥중에서 출마 선언을 했다. 동대문을구의 상대는 육사 8기, 국가개건최고회의 최고위원을 지낸 현역 국회의원이었다. 갑작스럽게 선거에 뛰어들게 된 장준하 가족과 지인들은 어쩔 줄 몰라 했다. 자금도 조직도 없었다. 《사상계》에서 파견한 몇이 장준하 선거운동에 나섰지만 우왕

좌왕하고 있었다. 책은 알아도 정치는 몰랐다. 그들 앞에 함석헌이 찾아왔다. 직접 선거운동에 나서겠다고 했다.

야당의 선거 유세장에는 정보과 형사들이 눈을 부라리며 다녔다. 해가 지기 전에는 청중이 모이지 않았다. 야당의 유세장에 얼굴을 드러냈다가는 무슨 봉변을 당할지 몰랐다. 여당 선거운동원과 지지자들이 진을 치고 있었다.

"여러분 장준하를 살려 주세요. 《사상계》 대표 장준하를 국회에 보내야 합니다. 안 그러면 이 사람은 죽습니다."

함석헌은 아랑곳하지 않았다. 연설은 거침없었다. 흰 두루마기를 입은 백발 노인은 사람들 관심을 불러일으켰다. 사람들이 선거 유세장으로 모여들었다. 광복군 장준하와 일제 황군 박정희를 비교해 이야기하면 박수가 쏟아졌다. 김희숙은 그저 만나는 사람마다 인사를 했다.

"고맙습니다. 저는 다른 거 다 필요 없습니다. 내 남편이자 다섯 아이의 아버지를 여러분이 꺼내 주세요. 여러분 손에 달렸습니다."

선거 분위기가 급변했다. 장준하 바람이 불었다. 선거 판세가 불리해지자 장준하를 가석방시켜 동정 여론을 잠재우려 했다. 선거 일주일 전에 석방된 장준하는 곧바로 선거 유세장으로 왔다. 사람들이 몰려왔다. 장준하는 국회의원에 당선됐고,

윤보선은 낙선해 박정희가 대통령이 되었다. 1967년은 언론인으로서는 마지막 해이고, 정치인으로 험난한 여정을 걷는 첫해가 되었다.

모든 통일은 좋은가? 그렇다

중학천이 흐르는 개울을 사이에 두고 골목 안으로 대폿집들이 죽 늘어서 있었다. 피맛골이라 불리는 골목엔 기자, 지식인, 대학생이 모여들었다. 피바람이 부는 독재 정권 시절이지만 불온한 기운은 골목 안에서 꿈틀댔다. 아무리 막아도 비집고 올라오는 질긴 들풀처럼, 봄을 기다리고만 있을 수 없는 슬픈 젊음들이 그곳에서 격정을 토해 냈다.

장준하는 막걸릿잔을 앞에 두고 조용히 말을 듣고 있었다. 평안도가 고향인 주인아주머니 녹두빈대떡 솜씨는 어린 시절 맛 그대로였다. 막걸리 주전자는 빠르게 비워지고, 사람들 목소리는 유리문 밖 골목을 가득 채웠다. 왁자하고 질척한 골목, 이곳에서 장준하는 젊은 지식인들의 생각을 들었다. 치기 어리기도 하고, 때로는 비현실적인 꿈 같은 이야기로 번지기도 했지만, 그들은 순수했다. 조국의 미래를 걱정하는 마음은 6,000리 장정 끝에 임시정부 청사 앞에 선 청년 장준하와 그의 동지들과 다르지 않았다. 장준하는 말수가 적었다.

그를 따르는 젊은이, 대학생이 늘어났다. 국회의원 시절, 세운상가 사무실에 무시로 찾아들던 젊은이들, 《사상계》를 통해 세상에 눈을 뜬 청년들이 그를 찾았다. 어느새 장준하는 반독재 세력의 중심이 되었고, 세상살이의 스승이었다.

"선생님, 이번에도 신세를 져야겠습니다."

"허허, 뭐 어려운 일이 생겼소?"

일행과 헤어진 서울대학생 유광언은 장준하에게 단도직입적으로 용건을 말했다. 반독재 시위를 준비하는 자신들을 도와줄 사람은 장준하밖에 없었다. 믿고 상의할 수 있는 어른은 극히 드물었다. 시위를 준비하는데 유인물을 찍을 인쇄소를 찾지 못하고 있었다.

"유인물이 1만 장이나 필요하오? 허, 대단한 용기인데."

"이번에 저희가 단단히 준비했습니다. 전국의 대학이 한꺼번에 일어나기로 되어 있습니다."

"시절이 시절이라, 감옥에 갈 각오를 해야 할 텐데……."

"저희는 각오가 되어 있습니다."

"허, 그래도 참. 좀 생각해 봅시다."

장준하는 앞장서 걸었다. 명동을 지나 을지로 골목을 돌고 돌아 조그만 학원 건물로 들어섰다. 장준하는 원장실로 들어가 잠시 얘기를 나누더니, 들어오라 했다. 원장이 건물 셔터를 내렸다.

"꼭 인쇄해야 하나? 등사기로 밀어서 유인물을 만들기로 하세."

"선생님, 1만 장이 필요한데요……."

장준하는 빙그레 웃으며 학원 인쇄실로 들어갔다. 등사판은 엄청난 속도를 내며 유인물을 쏟아 냈다. 종이가 산더미처럼 쌓여갔다. 학원 원장도, 장준하도 아무 말 없이 상자에 담기 시작했다. 유인물을 인쇄해 준 게 발각되면 학원은 문을 닫아야 하고, 원장은 감옥에 들어가야 했다. 이 일을 아는 사람이 많지 않아야 했다. 장준하는 직접 지프에 싣고 유인물을 옮겨 주었다.

대통령 박정희를 지키는 힘은 공포였다. 중정은 무소불위의 권력을 행사했다. 국회의원이든 교수든 남산에 끌려가면 치도곤을 당했다. 수많은 정보원이 감시의 눈을 부릅뜨고 다녔다. 박정희를 비판하는 말을 입 밖에 꺼내면 쥐도 새도 모르게 끌려갔다. 술김에 큰소리를 냈다가 반주검이 되어 돌아오곤 했다.

입에 풀칠하기도 어려운 사람들이 권력에 저항하기에는 너무 약했다. 정치가 제 역할을 해야 했다. 국회는 무기력했다. 노동자 전태일의 분신은 지식인들과 대학생에게 큰 충격과 책임의식을 불러일으켰다. 경기도 광주로 쫓겨 간 사람들은 폭동을 일으켰지만 폭력적인 진압 앞에 처절하게 무너졌다. 장준하는 국회의원으로 대정부 질의에만 만족할 수 없었다. 베트남 파병을 비판하며 의정활동에 최선을 다했지만 근본적인 해결책을 찾아야 했다.

박정희는 대통령을 그만할 생각이 없었다. 대통령을 두 번 이상 못하게 되어 있는 헌법이 문제였다. 개헌해서라도 대통령을 계속하겠다고 선언했다. 여당에서도 반대가 있었다.

장준하가 전면에 나섰다. 재야와 신민당이 힘을 합쳐 '3선개헌 반대 범국민투쟁위원회'를 조직했다. 함석헌, 윤보선이 고문, 김재준이 위원장을 맡았고 장준하는 선전부장을 맡아 활동했다. 6·3 한일 굴욕 협정 반대 시위를 주도하던 대학생이 청년이 되어 실질적으로 끌어갔다. 전단 50만 장을 만들어 서울시 전역에 뿌렸다. 국민선언대회를 마치고는 시위 과정에서 종로경찰서에 연행되기도 했다.

전국 대학에서 개헌 반대 시위가 벌어지고 지식인들의 반대도 잇따랐지만 3선 개헌은 통과됐다. 국회 본 회의실에서 농성 중인 야당 의원들 몰래 새벽에 제3별관에 모여 자기들끼리 통과시켰다. 야당은 거리로 나왔고, 시위가 매일 이어졌다.

박정희 정권도 재야와 정치권도 모두 1971년 대통령 선거에 집중했다. 40대 기수론으로 큰 반향을 불러일으킨 김대중이 야당 후보로 출마했다. 김대중의 바람은 봄기운을 활짝 피웠다. 4월은 따뜻했다.

선거는 지역감정을 노골적으로 조장했다. 박정희는 선거에 600억에서 700억 원을 쏟아부었다. 1년 국가 예산의 11퍼센트에 이르는 막대한 돈이 들어간 금권 선거였다. 김대중은 박정희의 간담을 서늘하게 한 것으로 만족해야 했다. 95만 표 차이로 박정희가 당선됐다. 박정희는 3번 연달아 대통령이 되었다.

박정희 정권은 언제나 국민을 대상으로 칼을 겨눴다. 누구도 비판할 자유가 없었다. 대학생들은 예비 범죄자였다. 학교 안에는 정보원이 곳곳에서 암약했다. 감시망은 공무원 조직을 타고 깊어졌다. 아무도 믿을 수 없게 됐다. 온 나라가 얼어붙었지만 오히려 세계정세는 따뜻했다. 1971년 10월 중국과 미국이 수교를 하고 72년 2월에 미국의 닉슨 대통령이 중국을 전격 방문했다.

"대통령 각하의 명을 받아 저는 평양에 다녀왔습니다."

1972년 7월 4일 낮, TV 특별방송에 모습을 나타낸 중앙정보부장 이후락은 아무런 사전 설명도 없이 대뜸 평양이란 단어를 던졌다. 김일성 주석을 만나고 왔다는 말에 TV 수상기 앞에 모여든 전국의 시청자들은 충격으로 숨을 죽였다. 모두 귀를 의심했다. 7·4 공동 성명으로 불리는 남북 공동 성명이 발표되었다.

8월에는 성명대로 남북 적십자사의 첫 회담이 평양에서 개최되어 남측 대표단이 취재 기자들과 함께 휴전 후 20년 만에 처음으로 판문점을 넘어 평양으로 갔다. 9월에는 남북 적십자 2차 회담이 서울에서 열려 북쪽 대표단이 같은 절차로 판문점을 넘어와 통일로를 달려 서울로 들어오고 거리에는 수많은 인파가 나와 박수를 치고 손을 흔들어 환영했다.

북한의 대표가 남한을 방문했다. 남북의 장벽은 한순간에 무너져 내릴 것만 같았다. 통일이 다가왔다. 불과 10여 년 전인 4·19 때 대학생들이 외쳤던 "가자 북으로, 오라 남으로!"의 구호가 현실이 되었다. 북한 대표들이 탄 차가 청와대로 향하는 모습이 TV를 통해 전국에 전파됐다.

장준하는 7·4 남북 공동 성명을 지지했다. 박정희가 저지른 수많은 악행에도 불구하고 남북 평화협상은 반드시 성사되어야 했다. 그는 《씨알의 소리》 9월호에 '민족주의자의 길'이라는 제목으로 글을 썼다.

"모든 통일은 좋은가? 그렇다. 통일 이상의 지상 명령은 없다. 통일이 갈라진 민족이 하나가 되는 것이라면 그것이 민족사의 전진이라면 당연히 모든 가치 있는 것은 그 속에서 실현될 것이다. 공산주의는 물론 민주주의, 평등, 자유, 번영, 복지 이 모든 것에 이르기까지 통일과 대립하는 개념이 되는 동안은 그 진정한 실체를 획득할 수 없다. 모든 진리, 모든 도덕, 모든 선이 통일과 대립하는 것일 때는 그것은 거짓 명분이지 진실이 아니다."

장준하의 민족주의는 크게 변모했다. 반공을 앞세운 계몽적 민족주의에서 민족 전체의 생존과 번영을 추구하는 미래지향적 사상으로 진보했다. 《사상계》 필자, 젊은 지식인들과 토론하면서 진보적 사고를 흡수했고, 외국의 선진 사상과 철학을 번역 출판하면서 깊고 단단해졌다.

온 국민이 열광했던 통일의 시대는 오지 않았다. 장준하가 꾸었던 통일의 꿈은 무참히 깨져 나갔다. 10월 17일 박정희는 유신쿠데타를 일으켰다. 북한 김일성의 체제 안정화와 박정희의 영구 집권을 나눠 갖는 것으로 서로의 이해를 충족시켜 주었다. 남북 모두 국민을 속여 정권 연장을 꾀했다. 10월 유신이었다.

중앙청 앞에 선 탱크는 다시 시민을 향했다. 비상계엄이 선포되었다. 대학은 휴교령이 내려지고 탱크와 장갑차, 군화 발소리가 거리를 메웠다. 박정희는 통일주체국민회의 대의원을 장충체육관에 모으고 단일 후보로서 대통령에 출마했다. 절대적 지지로 6년 임기 제8대 대통령에 선출되었다. 아직 7대 대통령 임기가 3년이나 남았고 누가 대통령을 그만두라고 하지도 않았는데 스스로 7대 임기를 반납하고 체육관에서 선출되어 취임하는 자작극이었다. 장준하는 자신의 어리석음을 한탄했다. 두 번은 속지 않는다고 했는데, 두 번 속았다. 영구 집권에 성공한 박정희는 거침없었다.

김대중은 치료를 받기 위해 일본에 머물고 있었다. 유신헌법이 통과되고 박정희가 체육관에서 대통령이 되는 것을 TV로 지켜볼 수밖에 없었다. 고국으로 돌아가는 길이 막혔다. 김대중은 일본과 미국을 오가며 반독재 민주화 운동의 중심에 섰다.

1973년 8월 도쿄의 여름은 덥고 습했다. 짧은 거리를 걸었는데도 손수건은 얼마 못 쓰고 축축해졌다. 김대중은 그랜드 팰리스 호텔로 들어갔다. 민주통일당 양일동 총재 일행과의 점심 약속이었다. 12층 객실에서 식사를 마치고 나서자마자 누군가 김대중을 낚아채 옆 객실로 끌고 들어갔다. 손수건으로 입을 틀어막았다. 마취제에서는 묘한 향이 났다.

도쿄를 빠져나온 차가 멈춰 섰다. 보자기를 뒤집어씌우고는 차에서 끌어 내렸다. 갈매기가 울었다. 파도 소리도 들려왔다. 비릿한 냄새에 죽음의 공포가 묻어왔다. 모터보트는 요란한 엔진 소리를 내며 빠른 속력으로 치고 나갔다. 바다 어딘가에서 모터보트가 멈춰 섰다. 둔중한 소음, 사람들 말소리가 들리는가 싶더니 거칠게 몸을 일으켜 세웠다. 억센 힘이 느껴졌다. 몸이 허공에 떴다. 큰 배로 옮겨졌다.

큰 배의 사람들은 아무것도 묻지 않았다. 협박도 없었다. 말없이 밧줄로 몸을 묶었다. 그 위에 추를 달았다. '이렇게 죽는구나.' 김대중은 보이지 않는 암흑 속에서 눈을 감았다. 기도를 하며 마지막을 맞았다.

배가 갑자기 심하게 흔들렸다. 강렬한 불빛이 느껴졌다. 헬리콥터 소리가 요란하게 났다. 다급한 소리가 들리는가 싶더니 배가 어딘가로 전속력을 내며 달렸다.

"김대중 선생 맞지예? 이제 살았습니데. 조금만 참으이소."

선원인 듯한 사람이 급하게 귓속말을 건네고는 사라졌다. 희망이 생겼다. 배에서 차로 옮겨지고, 건물 2층으로 끌려갔다가 다시 차로 옮겨졌다. 허둥대는 게 느껴졌다. 고속도로를 달리는 듯했다.

납치범들은 차에서 끌어 내리고는 붕대를 풀어 주었다. 눈이 부셨다. 사방이 하얗다가 윤곽이 어슴푸레하게 들어올 때쯤에는 차는 떠나고 아무도 없었다. 달빛이 처연했다. 동교동 뒷골목이었다. 아무 일 없었다는 듯 초인종을 눌렀다.

김대중은 연금됐다. 경찰이 집을 둘러쌌고, 골목 입구에는 초소가 세워졌다. 세계 각국에서 항의가 빗발쳤다. 석방을 촉구하는 재야인사들의 성명이 발표됐다. 박정희는 꿈쩍도 하지 않았다. 그를 풀어 주는 순간 두려움도 사라진다는 것을 박정희는 잘 알고 있었다.

김대중을 죽일 수 있다는 것은 누구도 죽음 앞에 자유롭지 않다는 것을 의미했다. 공포는 공기처럼 떠돌았다. 사람들은 서로를 의심하고 말을 아꼈다. 정권을 비판하는 것은 고사하고, 불만도 입 밖에 내지 못했다. 노래는 조금만 거슬려도 금지곡이 되었고, 젊은이들의 긴 머리카락은 거리 한복판에서 잘려 나갔다. 방송에서는 박정희를 찬양하는 목소리만 유독 도드라졌다. 그래도 민주주의의 싹을 완전히 잘라낼 수는 없었다. 경찰을 동원해 동교동은 철통같이 지킬 수 있었지만 행동하는 양심은 얼음장 아래서 물길을 내고 있었다.

1973년 10월 2일 서울대 문리대생들이 시위에 나섰다. 유신헌법 발표 후 1년여 만에 하는 첫 시위였다. 정부는 강경하게 대처했다. 20명이 구속됐고, 40명을 제적, 자퇴 등으로 학교에서 쫓아냈다. 시위는 전국 대학으로 퍼져 갔다. 곳곳에서 투석전이 벌어졌다. 공포에 얼어붙은 독재를 깨기 위해서 대학생이 앞장서야 했다. 희생을 감당해야 했다. 박정희에 저항하는 목소리에 정권은 간첩 조작으로 맞대응했다. 중정은 유럽 거점 대규모 간첩단 사건을 발표했다.

“유럽을 거점으로 암약하던 대규모 간첩단을 적발, 3명은 미체포, 3명은 구속, 17명은 불구속 입건했다. 구속된 3명 중 서울법대 최종길 교수는 중앙정보부에서 간첩임을 자백, 여죄를 조사받던 중 화장실 창문에서 투신자살했다.”

서울대 학생처장으로 학생을 보호하는 데 앞장섰던 민법학자가 죽었다. 참고인 조사를 한다 해서 스스로 걸어서 중정에 들어갔는데, 살아서 돌아오지 못했다. 서울 도심에 지하신문이 뿌려졌다. 《타도》지는 밤사이 도심과 학교에 충격적인 내용을 폭로했다.

‘한국 중앙정보부 서울법대 최종길 교수 무참히 죽였다’는 제목으로 “중정은 최 교수를 빨갱이로 몰아 5국 지하실 유치장 옆 살인 고문실에서 무참히 죽여 놓고 시체를 승강기에 싣고 5국 5층 화장실에 끌고 가서 창문 밖으로 던져 자살로 가장한 천인공노할 만행을 자행했다.”

폭력은 일상화됐다. 감시와 미행, 테러, 납치와 고문, 간첩 조작이 매일같이 벌어졌다. 간첩 사건이 하루가 멀다고 신문을 가득 채웠다. 장준하도 24시간 감시와 미행이 따라붙었다. 늘 시내버스를 타고 다니던 장준하를 미행하는 일은 쉽지 않아 기관원들은 곤혹스러워했다. 검은 지프가 정거장마다 버스를 따라 멈추며 누가 내리는지 살피는 모습이 종종 눈에 띄기도 했다.

장준하는 미행하는 차에 직접 올라타기도 하고, 항의도 했지만 미행은 일상이 되었다. 장준하는 의식하지 않기로 했다. 민주인사들도 꼼짝을 못 하고 있으니 주목받을 수밖에 없다. 그들의 눈에 드러나지 않고 일을 벌일 수 없었다.

장준하는 누군가 목숨을 걸어야 한다는 걸 받아들였다. 박정희 독재가 영원하도록 숨죽이고 살 수는 없었다. '얼마나 많은 후배가 피를 흘렸나. 못난 조상이 되지 말자.' 장준하는 시대가 무엇을 요구하는지 잘 알고 있었다. 등산복 차림으로 다녔다. 겉보기에는 소일거리로 사람을 만나고 등산을 즐기는 듯 보였다. 말을 아꼈다. 대화는 사소했다.

제일 먼저 함석헌을 만났다. 김수환, 법정, 김재준, 천관우, 지학순, 홍남순, 계훈제, 이호철 등을 차례차례 만났다. 말없이 신발 깔창 밑에 숨겨두었던 취지문을 꺼내 건네고 다 읽도록 기다렸다. 고개를 끄덕이면 서명 용지를 내밀었다. 백기완을 마지막으로 30명을 채웠다. 30명이 목숨을 걸고 앞장서겠다는 약속이었다.

어두운 죽음의 시대, 결단을

"형님 있소? 나 왔수."

백기완이 들으라는 듯이 대문 앞에서 큰 소리로 불렀다. 장준하의 집에는 계훈제가 와 있었다. 차를 마시면서 오랜만에 한가한 시간을 보냈다. 《동아일보》 이부영 기자가 들어오자 부산스러워졌다. 문단속을 다시 했다. 개헌청원운동본부의 발족 취지문과 헌법 개정 백만인 서명운동의 성명서 작성에 들어갔다. 문안을 만들고 방에서는 밤이 깊도록 등사기를 밀어 유인물을 만들었다. 거실에는 술상이 차려졌고, 방문은 굳게 닫혀 있었다.

"수고했소. 자, 이제 다 나와서 술 한 잔씩 합시다."

작은 집 거실은 여느 때와 다르지 않았지만, 둘러앉은 사람들의 표정은 어두웠다. 장준하와 백기완이 이번 거사의 모든 책임을 지기로 했다. 백기완은 예의 호탕한 몸짓으로 거나하게 취해 집을 나섰다. 집은 조용히 가라앉았다. 남은 일은 이부영이 맡기로 했다. 상봉동의 밤도 깊었다. 통행 금지 사이렌이 울렸다. 새벽녘에 이부영이 조심스럽게 대문을 열고 빠져나갔다.

1973년 12월 24일, 서울 YMCA 2층 강당에서 장준하는 '개헌청원백만인서명운동' 선언문을 낭독했다.

"오늘의 모든 사태는 궁극적으로 민주주의를 완전히 회복하는 문제로 귀착된다. 경제의 파탄, 민심의 혼란, 남북 긴장의 재현이란 상황 속에서 학원과 교회, 언론계와 가두에서 울부짖는 자유화의 요구 등 이 모든 것을 종합하면 오늘의 헌법하에서는 살 수가 없다는 것으로 요약된다.

그러나 오늘의 헌법은 그 개정의 발의권이 사실상 대통령에게만 속해 있는 것이다. 이에 우리 국민은 이와 같이 헌법 개정 발의권으로부터의 소외를 극복하고 우리들의 천부의 권리를 제시하는 방법으로 대통령에게 현행 헌법의 개정을 요구하는 백만인청원운동을 전개하는 바이다. 이 운동은 우선 우리들 모두의 내 집안에서부터 시작하여 학원과 교회 그리고 각 직장과 가두에서 확대될 것이다."

기자들이 놀라서 질문 공세를 했다. 30명이 서명운동 본부가 되어 30명을 서명받고, 그 30명이 다시 본부가 되는 식으로 늘려나가겠다고 장준하는 자신 있게 설명했다. 목숨을 걸었다 했다. 거칠게 문이 열리고 검은색 정장을 입은 중정 요원들이 뛰어 들어왔다. 연단 앞에 몰려있는 기자들과 카메라 장비가 장애물 역할을 했다. 장준하와 함석헌은 뒷문을 통해 재빠르게 빠져나갔다. 좁다란 골목길은 미로였다.

서명운동의 불길이 맹렬히 타올랐다. 개헌운동을 중지하지 않으면 엄벌에 처하겠다고 대통령이 특별담화를 발표했지만 전국으로 번지는 불길을 막을 수 없었다. 열흘 만에 30만 명의 서명이 모였다.

유신반대 시위가 다시 시작됐다. 거리 시위가 벌어졌고, 전국에서 지지 서명과 시국선언이 발표됐다. 박정희 정권은 위기를 감지하고 초강수를 두었다. 긴급조치 1·2호를 발표했다. 유신헌법을 비방하는 행위를 하거나 타인에게 알리기만 해도 징역 15년까지 처벌할 수 있었다.

장준하는 고민에 잠겼다. 목숨을 던지기로 했으니 두려움은 없었다. 30명의 각계 인사들도 각오하고 있을 테니 걱정하지 않기로 했다. 탄압은 각오했어도, 30만 명의 용기 있는 시민은 지켜야 했다. 그들을 야수의 입에 넣을 수는 없었다. 개헌청원서에 서명한 것만으로도 감옥에 갇힐 수 있고, 공안기관에 끌려가 고문을 당할 위험에 노출되었다. 30만 명, 그들의 가족이 풍비박산 나는 걸 막아야 했다. 비우기로 했다. 다 없애고 감옥에 들어가기로 했다. 이 불길은 언제든 다시 타오를 테니, 불씨를 소중하게 보호하고 살려야 했다.

백기완과 장호권은 수돗가에서 개헌 청원 서명 용지를 불살랐다. 서둘러야 했다. 이를 악물고 시뻘겋게 타오르는 불길에 서명 용지를 던져 넣었다. 종이 불은 순식간에 타올라 붉은 재로 변하고, 종이는 계속 불쏘시개가 되었다. 재가 날려 눈이 매웠다. 상봉동 작은 집 앞마당에서 하루 종일 눈물을 흘렸다. 전국에서 불에 탄 재가 날렸다.

장준하는 몇 날 며칠 집에서 움직이지 않았다. 기관원이 아예 집에 들어와 있다가 해가 지면 돌아갔다. 수시로 동정을 보고하고, 지시를 기다리는 듯했다. 검은색 지프가 집 앞에 요란한 소리를 내며 멈춰 섰다. 장준하와 백기완이 긴급조치 1호 위반으로 구속됐다. 장준하는 15년 형, 백기완은 7년 형을 받고 안양교도소에 수감되었다.

긴급조치는 그 숫자를 계속 늘려갔다. 탄압은 갈수록 강도를 더해갔다. 박정희 정권에 저항하는 대학생과 민주 세력의 씨를 완전히 말리려 했다. 그래도 대학생은 전국적인 시위를 준비했다. 74년 4월 3일 전국민주청년학생총연맹민청학련 사건과 인민혁명당인혁당 재건위 사건을 발표하며 동시에 긴급조치 4호를 발표했다.

장준하는 감옥에서 고혈압, 협심증, 신부전증과 만성간염을 앓고 있었다. 옥사하는 한이 있어도 감옥에서 나가지 않겠다고 했다. 장준하는 단호했다. 병이 갈수록 심해졌다. 장준하 모르게 김희숙은 형집행정지 신청을 했고, 전격적으로 받아들여졌다. 종로에 있는 조광현 내과에 입원했다.

"날씨는 점차 추워지고 있는데 함께 수감된 학생들을 놔두고 나오니 가슴 아픕니다. 병이 낫더라도 추위가 지나면 다시 오라던 학생들의 말을 생각하니 눈물이 나요."

장준하는 병원에 입원한 상태에서 일을 시작했다. 서명 용지는 불에 타 재가 됐지만, 서명한 사람들의 결의를 지울 수는 없었다. 장준하는 박정희에게 공개서한을 보내고, 이 서한을 광고탄압을 받던 《동아일보》에 광고로 실었다. 서울사대 여학생들이 성금을 보내와 가능했다.

"이렇게 가만히 앉아 있을 수는 없지 않아요. 무언가 해 봐야 되겠어요."

퇴원을 서둘렀다. 움직이지 않으면 저절로 이루어지지 않는다. 입원비가 부담되어 병원에 계속 있을 수도 없었다. 막사이사이상 수상 메달을 전당포에 맡기고 입원비 일부를 조달했다.

집으로 돌아온 장준하는 박정희 정권을 끝장내기 위한 일을 다시 시작했다. 기자회견을 해 하나의 개헌안을 만들자고 재야와 정치권에 제안했고, 4자회담을 주선했다. 윤보선, 양일동, 김영삼, 김대중 네 명을 한자리에 모아 유신독재에 맞서는 일에 앞장설 것을 촉구했다.

장준하가 바쁘게 움직이는 동안 충격적인 일이 벌어졌다. 인혁당 재건위 사건으로 구속된 여덟 명의 재야인사를 사형선고한 지 48시간 만에 서대문형무소에서 전격적으로 사형 집행을 했다. 국제사회의 비난과 항의가 거셌지만 박정희 정권은 무시했다. 시신을 성당에 모시고 가 장례를 치르겠다는 가족을 막고, 영구차를 빼돌려 강제로 화장했다. 서대문형무소 앞에 누워 길을 막은 문정현 신부 위를 영구차가 그대로 타고 넘어갔다. 기도회를 열고 인혁당 사건의 진실을 알리던 오글 목사와 시노트 신부는 추방당했다.

"너무 답답해서 그래요. 가슴이 터질 것만 같아요. 그러니 산에 올라갈 수밖에 없지요."

장준하는 백기완, 이철우와 함께 자주 산행을 했다. 협심증이 있는 장준하는 항상 비상약을 갖고 다녔다. 수행하는 동지에게 비상약이 어느 주머니에 있는지 미리 알려 주기도 했다. 산 정상에 오르면 맨 먼저 북쪽을 향하여 통일을 염원하는 묵념을 올리고 애국가를 힘차게 부르기도 했고 광복군가를 부르기도 했다.

"나는 살아서 50대 초반을 보내며 잠자리가 편치 않음을 괴로워한다."

너무나 많은 사람이 죽었다. 너무나 많은 희생이 따랐다. 장준하에게 주어진 시간은 많지 않았다. 얼어붙은 땅을 녹여낼 수단을 찾아야 했다. 일제 식민지 시절 조국 해방을 위해 국내에 침투하지 못했을 때부터 오늘의 현실은 예견되었다. 두 번의 실패는 없다.

"올해를 이대로 무사히 넘어가야 되겠습니까. 우리가 뭐라도 해야지 않겠습니까. 유신이 아무리 강하다 해도 절망만 할 수는 없는 일 아닙니까?"

함석헌을 찾아간 장준하는 간곡하게 호소했다. 그 뜻을 이해하고 믿고 함께 행동했던 함석헌으로부터 장준하의 새로운 투쟁은 시작됐다. 광주에 내려가 홍남순 변호사와 무등산에 올랐고, 전주에서 은명기 목사를 만났다. 중정이 촉각을 곤두세우고 공작을 꾸미고 있을 게 분명했다. 김수환 추기경, 법정 스님이 나서 30명의 서명을 다시 받을 수 있었다. 희생을 각오할 각 분야의 책임 있는 사람만 서명을 받았다. 불복종운동을 하기 위해서는 누군가 결단해야 했다. 물러설 길도, 돌아갈 길도 없다. 김대중을 만났다.

"이제 어떤 대망도 다 포기했습니다. 나는 민주회복을 위해서 모든 것을 다 바칠 각오가 돼 있습니다. 김대중 후보가 움직일 수 없으니까 내가 전면에 나서겠습니다. 우리가 힘을 합쳐서 이 일을 반드시 이뤄 냅시다."

김대중과 결의했다. 박정희가 가장 두려워한 장준하와 김대중 두 사람이 하나의 몸이 되었다. 준비는 모두 끝났다. 이제 결행만 남았다. 윤보선이 지방에 내려가 있어 일정이 미뤄진 것 말고는 순탄했다. 24시간 감시를 하니 뭔가 낌새를 차렸겠지만, 아직은 아무 대응이 없다. 지나치게 조용했다. 이제 일주일 남았다.

장준하는 상봉동 성당에서 혼배성사를 올렸다. 가톨릭 신자인 김희숙은 결혼 30년 만에 종교적으로는 제대로 식을 올리는 셈이었다. 목사의 길을 가겠다던 장준하가 가톨릭으로 개종한 셈이었다. 장준하는 망우리 공동묘지에 모신 할아버지와 아버지 묘소를 찾았다. 벌초를 깨끗이 하니 한결 가벼워졌다. 그곳에는 광복군 대장 이범석의 묘소도 있었다. 김준엽과 효창공원에 들러 김구 묘소를 참배하고 윤봉길, 이봉창의 묘소에 술을 올렸다. 8월 8일에는 김구에게 물려받아 소중히 간직했던 임시정부 태극기를 이화여대 박물관에, 《사상계》 전집을 이화여대 도서관에 기증했다.

'일주명창.'

장준하는 나가려다 말고 벽에 걸린 액자를 한참 쳐다보았다. '심지 하나가 창을 밝히고 있다.' 무언가 마음에 닿는 게 있었는지 김희숙이 평소에 안 하던 질문을 했다.

"김구 선생님 묘랑, 이범석 장군 묘랑 다……. 당신 요즘 꽤나 이상해요. 뭐가 어떻게 되는 건가요?"

"내가 죽지 않고 살기야 살면 당신도 좋고 죽으면 할 수 없는 거고……. 어쨌거나 희생은 있을 거야. 내가 좀 단단히 각오를 하고 있는 것이 있으니까 그저 그렇게만 알아요."

장준하는 부인이 싸준 샌드위치와 보온병이 든 비닐 배낭을 메고 집을 나와 큰길 약방 앞에서 버스를 기다렸다. 세 번이나 전화해서 함께 가자고 하니, 더 마다하기 어려웠다. 동대문운동장에서 출발한 관광버스는 자리가 꽉 차 있었다.

"이철우 씨는 안 나왔소?"

누군가가 내민 손에 이끌려 버스에 올랐다. 아침부터 푹푹 찌고 있었다. 후덥지근했다. 8월의 하루가 끓어올랐다.

1975년 8월 17일
약사계곡

이동 읍내에서 부식을 사러 관광버스가 서자 장준하도 따라 내렸다. 김희로의 다섯 살 난 아들에게 줄 과자도 사고, 오이 몇 개를 샀다.

"아니, 왜 오이를 사셨어요? 선생님 저희가 점심을 준비했는데요."

"아, 나는 샌드위치를 싸 왔어요."

약사계곡 어귀 길가에 버스가 섰다. 8월의 정오는 타는 듯했다. 날씨가 더워 계곡을 따라 올라가다 쉬기로 했다. 호림 산악회 간부들이 앞장서고, 사람들이 두셋씩 짝을 지어 올라갔다. 전쟁 이후부터 일주일 전까지 군 통제구역으로 민간인 출입이 금지됐던 지역이라 산은 높지 않았지만 깊었다. 30분쯤 올라가다 더 이상 올라가지 않고 쉬기로 했다. 산악회 간부들이 계곡이 휘어지는 곳 널찍한 공간에 자리를 잡았다. 맞춤한 바위가 있었다. 점심을 해 먹으려 버너에 불을 붙였다.

장준하는 대열의 맨 뒤쪽이었다. 오랜만에 장준하를 만나게 된 사람은 이야기할 게 많은지 쉬지 않고 화제를 이어갔다. 장준하는 천천히 걸었다. 협심증이 서둘지 못하게 가로막았다. 호림 산악회 간부들이 모여 점심 준비를 하는 모습이 눈에 들어왔다.

"선생님 오늘은 여기까지만 가시고, 물에서 쉬시죠."

"그렇게 하세. 내 잠시 산에 올라갔다 오겠네."

장준하는 점심 장소 건너편 소로로 들어섰다. 약사계곡은 절반쯤 해가 가려져 더위를 식히기에 적합했다. 물은 아주 깊고 시원했다. 수영 팬티를 입고 물놀이 하는 사람도 있었다. 얕은 물웅덩이가 아이들에게는 커다란 수영장이 되었다. 밥이 익어가고 있었다. 장준하를 뒤따라 산에 올랐던 김용환이 헐레벌떡 뛰어왔다.

장준하는 절벽 아래 물이 얕게 배어 있는 바닥에 누워 있었다. 김용환은 소나무를 잡고 절벽 위를 건너뛰려 하다 미끄러져 떨어졌다고 했다. 장준하 곁에는 안경과 비닐 배낭이 떨어져 있었다. 누구는 사체를 지키고 누구는 신고하러 뛰어 내려갔다. 산악회 간부는 등산객들을 인솔해 버스에 타도록 했다.

계곡을 내려간 김희로는 가까운 부대를 찾았다. 전방이니 읍내 지서보다 군부대가 근처에 있을 거란 생각에 무작정 걸었다. 한참을 내려가다 찾은 탄약중대에는 앰뷸런스가 없다고 했다. 대대본부로 가라 해 다시 걸었다. 관광버스는 이동읍에서 차를 세우고 이동지서에 사고 신고를 하고 서울로 출발했다.

"장준하 선생이 산에서 사고를 당했으니 빨리 가 보시오. 포천 이동지서로 가시오."

상봉동 집으로 전화를 한 중년의 굵은 목소리에 소름이 돋았다. '올 게 왔구나.' 김희숙은 막내 장호준과 택시를 전세 내 포천으로 향했다. 하오의 이동지서는 나른했다. 당직 경찰 한 명뿐이었다. 갑작스러운 상황에 당황한 듯했다. 순박하게 생긴 젊은 순경이 땀을 비 오듯 흘리며 지서로 들어왔다.

"절벽에서 추락했다는 사망 현장을 찾으려다 못 찾고 오는 길이니, 저와 다시 가 보시죠."

김희숙은 얼어붙었다. 사고가 난 게 아니었다. 김희숙은 약사계곡 입구 구멍가게 앞에서 기다리기로 했다. 이수기 순경과 장호준이 현장을 찾으러 계곡으로 들어갔다.

소로는 풀로 덮여 간신히 길이었음을 기억하고 있었다. 길의 흔적을 따라 올라가면서 "어이, 어이." 소리를 내질렀다. 계곡은 무심했다. 말없이 조금씩 짙어갔다. 현장은 한 사람이 지키고 있었다. 모두 어디로 갔는지, 길이 엇갈렸는지, 아무 일도 없었던 것처럼 숲속 절벽 아래는 고요했다.

이수기가 포천경찰서에 보고하기 위해 내려가고 나서 얼마 후 군부대 장교와 위생병이 올라왔다. 장준하의 죽음을 확인하고는 바로 내려갔다. 이수기가 다시 현장을 찾아 계곡으로 들어섰다.

"본 대로만 얘기해."

정장 차림의 사내는 낮게 한마디 던졌다. 이수기는 자신도 모르게 꾸벅 인사를 했다. 소름이 쫘르륵 등줄기를 타고 흘러내렸다. 몇 번을 오갔을까. 어느새 계곡 안으로는 어둠이 밀려왔다. 빛을 잃은 산은 죽음만큼 짙고 깊었다. 김희숙이 구멍가게에서 구해 온 초가 장준하 시신을 빙 둘러 켜졌다.

이동지서에는 검은색 코로나 승용차가 섰다. 경찰들은 비상이 걸렸다. 장준하의 장남과 차남, 동생이 밤늦게 계곡에 올라왔다. 자정쯤에는 백기완이 허겁지겁 달려왔다. 나무를 모아 불을 지폈다. 짐승 울음소리가 능선을 따라 올라갔다 내려오기를 반복했다. 늑대가 나타나곤 했다. 의정부지청 서돈양 검사는 검안의사를 데리고 새벽 1시쯤 현장에 왔다. 플래시를 비추어 절벽을 보고는 현장 조사를 마쳤다고 부랴부랴 내려갔다. 마지막 목격자 김용환은 어디에도 없었다.

빈 방에는 영정사진만이 손님을 맞았다. 언제부터 향을 피워 놓았을까. 함석헌은 끝도 없이 눈물을 쏟았다. 장준하가 죽다니 믿을 수가 없었다. 왜 못 가게 잡지 못했나 자책했지만 이미 늦었다. 분노를 삭이고 그를 기다려야 했다. 장준하는 아직 포천 산속에서 나오지 못했다. 유족과 몇몇 동지가 그를 지키고 있다 했다.

김수환 추기경은 언제 소식을 들었는지 일찌감치 와 있었다. 해가 떨어지자 석간신문에 난 기사를 보고 사람들이 상봉동 상가를 찾았다. 좁은 골목길에는 차양이 처지고, 멍석이 깔렸다. 대학생들은 신문지를 깔고 앉아 술추렴을 했다. 자기가 먹을 술과 안주는 각자 알아서 구해야 했다. 장준하 유족은 접대할 음식을 마련할 여력이 없었다.

사고사라 했다. 등산을 하다 미끄러져 떨어졌다 했다. 신문 기사는 건조했다. 장준하가 위태롭게 걸었을 능선과 죽음을 맞이한 상황은 문장에서 찾아낼 수 없었다. 분노는 눈물로 삭여지지 않는다. 상봉동 골목길에서는 애끓는 소리가 났다. 통곡의 한여름 끝자락은 길게도 이글거렸다. 사람들도 땀과 기름이 번져 이글거렸다. 슬픔도 분노를 덮지 못했다. 가끔 숨죽인 흐느낌 소리가 흐르고, 곳곳에서 비명 같은 분노가 터져 나왔다. 골목 입구에는 정장 차림의 사람들이 마네킹처럼 서 있었다. 사복 형사들은 수시로 골목을 왔다 갔다 했다.

날이 밝자 상봉동 좁은 골목길로 구급차가 들어섰다. 밤새 기다리던 사람들이 달려 나왔다. 반독재 투쟁의 동지이자, 재야 대통령으로 불리던 장준하가 숨이 멎어 등산복을 입은 채 들것 위에 누워 있었다. 통곡은 소리가 되지 못했다. 다들 휘청거렸다. 장준하의 귀 뒤에서는 피가 흘렀다.

김수환 추기경이 장례비용을 책임지겠다 했다. 오일장을 치르기로 했다. 8월의 타는 더위가 문제였다. 부패를 막아야 했다. 누군가 해태제과에 부탁해 드라이아이스를 구할 수 있었다. 시신 앞뒤로 가득 쌓았다. 서둘러야 했지만 할 일도 적지 않았다. 국가의 부검을 거부했다. 장준하를 죽인 이에게 장준하를 다시 내줄 수는 없었다. 사체는 깨끗했다. 14미터 절벽에서 미끄러져 추락했다는 사체는 겉보기에 아무런 상처도 없었다. 안경도, 시계도, 매고 있던 배낭의 보온병도 멀쩡했다. 긁힌 자국도 없었다.

방문이 닫혔다. 마당에 앉아 있던 사람이 자리를 옮겨 자연스럽게 대문을 막았다. 문상객들은 유족이 제사를 올리나 보다 생각하고 기다렸다.

"자, 시작하세요. 무엇 하나 빠짐없이 살펴봐 주시오."

막 문상을 마친 사람에게 문익환 목사는 인사도 없이 불쑥

말을 던졌다. 검시가 시작됐다. 조철구 박사, 조광현 내과 의사가 참여했다.

중정의 감시의 눈이 어디까지 다가와 있는지 알 수 없었다. 유족 측이 검시를 따로 한다는 게 새어나가면 무슨 일이 생길지 몰랐다. 사체를 빼앗길 수 있었다. 셔터 소리가 비명처럼 방안에 울렸다. 입이 타들어 갔다. 옷을 벗기고, 머리부터 발끝까지 꼼꼼히 살폈다. 손바닥에 점점이 박힌 작은 상처가 있었고, 귀 뒤에는 작은 구멍이 나 있었다. 양팔 겨드랑이 쪽에서 피멍이 보였는데, 얼굴과 손에 돌이나 나뭇가지에 스친 자국도 찾을 수 없었다. 허리 부분의 주삿바늘 자국도 의심스러웠다. 의사들은 추락사일 수는 없다는 결론을 내렸다. 초가 파르르 흔들렸다.

조철구는 단호하게 설명했다.

"장준하 선생은 추락하지 않았습니다. 절벽에서 미끄러져서는 이렇게 깨끗할 수 없습니다."

필름을 뽑아 유족에게 전달했다. 카메라에는 빈 필름을 채우고 혹시 모를 검문검색에 대비했다. 믿을 수 있는 사람에게 맡겨 일본으로 가지고 나가기로 했다. 국내에서 장준하의 시신 사진을 인화하는 것은 위험했다. 중정의 감시를 벗어날 수 없었다.

좁다란 골목은 수백 명의 젊은 조문객으로 가득했다. 장지는 파주의 나사렛 묘지로 정해졌다. 명동성당에서 추모 미사를 하기로 했다. 골목길에서 큰길로 꺾어 나가던 영구차를 향해 한 경찰관이 깍듯이 경례를 붙였다. 김희숙의 눈에서 핏물이 흐르듯 눈물이 터져 나왔다. 대한민국 경찰관에게서 난생처음 인사를 받아서일까, 5일 동안 참아왔던 가슴속의 둑이 울음으로 터졌다. 명동성당은 입구까지 조문객으로 발 디딜 틈도 없었다.

"장 선생의 생전은 조국과 인류를 위해 몸 바쳐 온 것이며, 하나님의 소명을 받은 사람으로 그 믿음은 시련을 겪어야 했습니다. 선생은 세상 일 정치 일에는 실패하였는지 몰라도 진리면에서 볼 때는 성공했습니다. 선생의 나라와 겨레 사랑은 깊고 진실했으며, 이것을 떠나서는 자기의 존재마저 인정하지 않았습니다. 그의 죽음은 별이 떨어진 것이 아니라 죽어서 새로운 빛이 되어 우리의 갈 길을 밝혀 줄 것입니다."

김수환 추기경의 추모사를 뒤로하고 막내아들 장호준이 든 영정이 명동성당 앞마당으로 향했다. 장준하를 영구차에 옮겨 실었다. 이제 떠나야 했다. 백기완의 구호가 성당 안팎을 뒤흔들었다.

"장준하 선생 만세! 자유 민주주의 만세! 대한민국 만세! 남북통일 만세!"

2,000여 명의 조문객이 따라 외쳤다. 만세 소리는 하늘 높이

울려 퍼졌다. 영구차는 중앙청 앞을 조용히 지나 사직터널을 넘어 서대문형무소에 도착했다. 잠시 독립운동가들의 숨결을 느끼고 가려 했지만 경찰들은 신경질적으로 반응했다. 파주 나사렛 묘지로 가는 길은 쓸쓸했다. 최영 장군 묘 입구 표지가 길가에 뒹굴고 있었다.

8월 19일 《동아일보》는 〈장준하 씨 사인의 의문점〉이라는 기사를 내보냈다.

"장 씨의 사인에 의문이 있다고 보는 점은 추락사고 지점은 산이 너무 험해 젊은 등산가들도 마음대로 오르내리지 못하는 경사 75도, 높이 12미터의 가파른 절벽인데 장 씨 혼자 아무런 장비 없이 내려오려 한 점, 사고 현장인 벼랑 위에 오를 때는 멀리 등산코스를 돌아 올라갔는데 내려올 때는 등산코스도 아닌 벼랑으로 내려오려 한 점, 사고 직후 김 씨가 장 씨의 시계를 차고 있던 점 등이다."

검찰은 단순실족사로 사건을 종결했고, 의혹 보도를 한 《동아일보》 기자를 긴급조치 9호 위반으로 구속했다. 한 달 후에는 추모비를 세웠다. 절벽에서는 시원하게 물줄기가 쏟아져 내렸다. 계훈제, 백기완, 장호권 등 스물대여섯 명의 동지가 말없이 도시락을 나눠 먹고, 말없이 약사계곡을 내려왔다.

여기 이 말 없는 골짝은 빼앗긴 민주주의의 쟁취, 고루 잘사는 사회, 민족의 자주, 평화, 통일운동의 위대한 지도자 장준하 선생이 원통히 숨진 곳. 뜻을 같이하는 젊은이들이 맨손으로 돌을 파 비를 세우니, 비록 말 못 하는 돌부리, 풀, 나무여! 먼 훗날 반드시 돌베개의 뜻을 옳게 증언하라.

돌아가신 날 1975. 8. 17.

비를 세운 날 1975. 9. 17.

고 장준하 추모 동지 일동

장준하
죽음 그 이후

•

장준하 죽음을 딛고
장준하가 된 이들의
민주주의를 향한 큰 걸음

기름때에 전 대폿집은 피 냄새가 배어 있었다. 미닫이창을 다 떼어 냈어도 바람 한 점 들어오지 않았다. 땀이 줄줄 흘렀다. 부글부글 끓는 질통에서 연신 국물을 퍼냈다. 순대와 머리 고기를 썰어 한 웅큼 올려 내왔다. 뚝배기가 넘쳐 뜨거운 국물이 튀어도 백기완은 아랑곳하지 않았다. 소주를 사발 가득 따랐다. 목울대가 올라갔다 내려왔다.

"장 선생이 어찌 죽었겠소? 암살입니다."

"어쩌자고 그렇게 흉악한 짓을 했을까요."

"죽일 놈들이요. 긴급조치를 깨트릴 사람이 장준하 말고 누가 있겠습니까. 아예 없애기로 한 거죠."

드럼통을 잘라 만든 탁자에 둘러앉은 사람들은 벌겋게 익었다. 파리는 집요했다. 살이 오른 파리에서 모터 소리가 났다. 누가 상가에 온 사람인지, 술꾼인지, 정보원인지 알 수 없었다. 백기완은 거침없었다. 깊게 팬 주름살은 슬픔의 깊이를 가늠할 수 없게 했다. 말을 조심할 이유도 생각도 없었다. 빈 소주병이 늘어 갔다.

"누가 나서야 하지 않겠습니까. 장 선생이 하시던 일을 이어 가려면 말이죠."

갑자기 목소리를 낮췄다.

"그야 백 선생만 한 분이 있겠습니까."

"기독교 쪽과는 연이 없어서……."

문익환은 장준하 상을 치르며 상봉동 골목 어귀 순댓국집에서 백기완과 나눈 대화를 날마다 곱씹었다. '내가 나선다……. 나보고 나서라고…….' 백기완은 장준하를 대신해 박정희와 맞설 사람이 필요하다고 했다. 말이 말과 부딪쳐 내는 소리, 고기를 씹는 근육질 사내의 비통함과 끈적함, 눈물과 탄식으로 가라앉을 대로 가라앉은 국밥집, 진저리가 쳐졌다.

장준하를 잃은 재야와 정치권은 무력했다. 김대중은 집 밖으로 나오지도 못했다. "당신이라면 가만있지 않을 텐데……." 문익환은 정면에 놓인 장준하 사진을 보며 중얼거렸다. 고개를 끄덕이다가 몇 걸음 움직이다, 사진을 한참을 바라보다가 생각은 갈피를 잡지 못했다. 벼락 같은 소리가 들려왔다. "당신은 왜 못해?" 사진 속 장준하의 꾸중에 문익환은 체증이 내려가듯 마음이 편해졌다. 내가 갈 길인가. 하느님이 인도하신 길이구나.

"이제부터는 내가 장준하가 되겠소."

"그러려면 목숨을 걸어야 하는데……."

"그거라면 좋지."

문익환은 백기완이 말한 대로 목숨을 걸기로 했다. 장준하 방식대로 일해 나가기로 했다. 문익환은 한 사람씩 만나 설명하고 서명을 받았다.

"함석헌 선생님, 제가 '민주구국선언'문을 썼습니다. 장준하가 못다 한 일 다시 시작하려 합니다."

"고맙소. 장준하가 살아 돌아왔군요. 문 목사님 뜻에 따르겠습니다."

독자적인 선언문을 준비하던 김대중도 선뜻 동참했다. 서명한다는 것은 구속 그 이상을 각오하겠다는 것이었다. 서명한 사람은 함석헌, 윤보선, 정일형, 김대중, 윤반웅, 안병무, 이문영, 서남동, 문동환, 이우정까지 열 명이었다.

1976년 3월 1일 오후 6시, 명동성당에서 3·1절 기념미사가 열렸다. 신·구 교회 인사와 신자들이 참석했다. 1부는 천주교 사제단이, 2부는 기독교 목사가 진행을 맡았다. 1부 김승훈 신부의 강론이 끝나고 2부 설교 시간이 되자 이우정 교수가 '민주구국선언'을 낭독했다.

"이 민족은 또다시 독재 정권의 쇠사슬에 매이게 되었다. 삼권분립은 허울만 남고 말았다. 국가안보라는 구실 아래 신앙과 양심의 자유는 날로 위축되어 가고 언론의 자유, 학원의 자주성은 압살당하고 말았다. …… 이 민족은 목적의식과 방향 감각, 민주주의에 대한 신념을 잃고 총 파국을 향해 한 걸음씩 다가서고 있다. 우리는 이를 보고만 있을 수 없어 여·야의 정치적 전략이나 이해를 넘어 이 나라의 먼 앞날을 내다보면서 〈민주구국선언〉을 선포하는 바이다."

서명한 사람들은 바로 중정으로 끌려갔다.

"내가 뭔가 할 수 있어 다행이다 생각했어요."

김대중은 기다렸다는 듯이 감옥으로 향했다. 문익환도 어김없이 조사를 받고 서대문형무소에 수감되었다. 성당에서 열린 기념미사였지만 온 나라를 얼어붙게 한 겨울공화국을 깨우는 울림이 되었다. 긴급조치 9호 위반 재판은 박정희 독재 정권과 싸우는 민주화 운동의 새로운 출발점이 되었다. 제2, 제3의 장준하가 되었다. 재야, 학생, 종교계가 하나가 되는 계기였고, 1979년 부마항쟁이 일어나기까지 유신 독재와 맞서 싸우는 저항의 물줄기였다.

장준하의 유족에게도 박정희 정권의 탄압은 계속됐다. 남은 가족의 일거수일투족을 감시했고, 외부 사람이 유족을 만나지도 못하게 차단했다. 맏아들은 테러를 당해 몇 달을 병원 신세를 지고 나서는 해외로 몰래 빠져나가야 했다. 망명 생활을 할 수밖에 없었다. 둘째 아들은 신문사에서 쫓겨났다. 그래도 살아남을 수 있었던 것은 장준하 선생의 뜻을 기리고 지키려 했던 사람들의 힘이었다. 장준하를 잃은 김희숙에게 고난은 무게를 갖지 못했다.

"창살 없는 감옥생활을 했어요. 정보부에서 24시간 우리 집에 와서 지키고 있었으니까. …… 어떤 때는 아침에 나가 보면 신문지 싸인 이만한 거를 밖에서 던져 주는 거야 집으로. 그래서 가서 보면 고기도 있고, 생선도 있고. 국수도 이만큼 있고. 참 고맙죠. 하늘이 줘서 먹고살았어요. …… 우리한테 가까이 오는 사람은 다 그냥 세무 사찰한다 그러고 협박하고. 가까이 다니게 되면 왜 다니냐고 그렇게 물어보고 그러니까 겁이 나서 우리하고 가까이 다닐 수가 없었죠. 그러니까 다들 조심히 다니고 눈치 보고 살았잖아요."

1979년 10월 26일 궁정동 중정 안가에서 술 파티를 벌이던 박정희가 중앙정보부장 김재규의 총에 의해 목숨을 잃었다. 진공 상태가 되었다. 민주화의 봄은 갑작스럽게 찾아왔다. 민주주의의 열망은 걷잡을 수 없이 터져 나왔다.

"야수의 심정으로 유신의 심장을 쏘았다."

김재규는 최후진술에서 민주주의를 위해 총을 쏘았다고 주장했다. 그의 거사는 성공하지 못했고, 전두환 신군부의 쿠데타로 마무리되었다. 1980년 5월 17일 24시, 대한민국이 깊은 잠에 빠져 있는 시간에 공수부대는 전국 대학과 재야인사 집을 기습했다. 3,000여 명이 연행됐고, 대학교 정문은 탱크로 가로막았다.

전국이 일제히 침묵했지만 유일하게 광주에서 저항의 불꽃을 피웠다. 전남대생은 '비상계엄이 확대되면 시내에서 모이자'던 약속을 지켰다. 금남로 앞에 시위대가 모였다. 경찰은 보이지 않고 얼룩무늬 특전사 부대원들이 대열을 이뤘다. 날은 더웠지만 한기가 돌았다. 용기를 내어 나온 광주시민들에게 돌아온 것은 잔인한 폭력이었다. 소총에 대검을 장착해 휘둘렀고, 박달나무 곤봉으로 사람들 머리를 후려쳤다. 19일에는 계엄군이 시민을 향해 총을 발사했다.

5월 27일 밤은 한없이 길었다. 계엄군이 쳐들어오고 있다는 확성기 소리에 울면서 귀를 막아야 했다. 광주는 무서운 침묵으로 가라앉았다. 5월 27일 새벽 4시 공수부대가 전남도청 후문에 도착했다. 5시 21분에 점령했다. 특전사는 승전가를 불렀다.

민주주의는
피를 먹고 자란다

겨울공화국이었다. 세상을 얼음으로 꽁꽁 얼려 버린 군인들은 대통령부터 모든 요직을 나눠 가졌다. 광주에서의 학살을 감추기 위해 군대의 총구를 국민을 향해 겨눴다. 김대중은 내란음모 수괴가 되었고, 문익환을 비롯한 지식인들이 감옥에 갔다. 김대중은 사형, 문익환은 20년 형이 확정됐다.

전두환은 육사 생도일 때부터 박정희 쿠데타를 직접 경험해 국민을 어찌 다뤄야 하는지 잘 알았다. 장준하, 김대중과 같은 인물을 만들지 않아야 한다는 걸 박정희를 통해 배웠다. 애초에 싹을 잘라야 했다. 작은 나무일 때 뿌리 뽑아야 후환이 없었다. 80년 5월 18일 이전과 이후는 다른 세상이었다. 청춘의 거리인 종로는 텅 비었다. 대학은 길고 긴 겨울잠에 빠져들었다.

광주는 바람이었다. 봄에 지는 꽃이었다. 붉은 남도의 꽃은 조심스럽게 서울행 기차를 탔다. 5월 30일 종로5가 기독교회관 5층 사무실에서 김의기는 타자로 성명서를 치고 있었다. 한 장씩 타자를 쳐서 유인물을 만들었다. 어떻게 알았는지 계엄군이 들이닥쳤다. 군홧발 소리와 비명이 기독교회관 계단을 타고 올라왔다. 김의기는 책상 위에 쌓아놓은 유인물을 들고 6층으로 피신했다. 창문 난간 밖으로 몸을 내밀고 유인물을 뿌렸다. 계엄군이 덮쳤다.

쿵 소리가 나기까지 무슨 일이 일어났는지 아무도 몰랐다. 장갑차로 가리고 시민들을 쫓아냈다. 유인물이 눈송이처럼 허공위로 흩어져 날렸다. 눈은 땅에 닿아 녹을 기회조차 잃고 경찰들이 걷어갔다. 눈송이는 사그라졌지만 사람들 마음을 적셔 광주의 진실이 조금씩 퍼져갔다. 귓속말로 전해졌다. 진실을 아는 것만으로도 위험했다. 극한의 공포, 극한의 탄압은 저항도 극한으로 몰아갔다. 죽음 아니면 진실을 알릴 방도가 없었다. 광주를 끄집어내는 순간 목숨이 위태로웠다. 소식은 그렇게 목숨을 내걸고 입에서 입으로 조심스럽게 전해졌다.

독재 정권은 기민하게 대처했다. 정치로 문제를 풀어갈 생각은 없었다. 그건 민간인들이 하는 방식이었다. 삼청교육대를 세워 전국의 폭력배를 잡아넣어 새사람을 만들어 내보내겠다 했다. 세상을 녹색으로 만들기 위해서 대학생들의 사상을 바꾸겠다 했다. 녹화사업은 군과 경찰만이 아니라 대학 당국이 적극적으로 개입해 전국에서 동시에 이뤄졌다. 시위에 참여했다 연행되면 경찰서에서 바로 군대로 끌려갔다. 입영 열차의 추억도, 송별회 자리도 없었다.

고려대 김두황, 연세대 정성희, 동국대 최온순, 한양대 한영

현, 서울대 한희철, 성균관대 이윤성. 군대에서 죽음의 소식이 계속됐다. 죽은 자는 있어도 죽인 자는 없었다. 친구의 죽음은 나의 죽음을 예비했다. 친구를 잃은 스물 갓 넘은 청년들은 광주학살의 실체를 비로소 몸으로 깨달을 수 있었다. 대학생이 저항의 중심에 섰다. 더 이상 고개 숙이지 않았다. 젊음은 무모했다. 정권의 탄압도 거세지고 정교해졌다. 희생을 요구했다. 의문의 죽음은 군의 경계를 넘었다.

문익환은 능력이 모자람을 한탄했다. 제발 죽지 말고 싸워달라고 눈물을 흘리고, 기도했지만 죽음을 막지 못했다. 문익환은 대학생들을 선동했다고 지명수배됐고, 4번째 감옥행을 받아들였다. 그의 길을 김근태, 이부영 등이 이어갔다. 민주화운동청년연합[민청련], 조국통일범민족연합[범민련] 등 단체를 세우고, 저항의 전면에 섰다. 재야와 언론인 등은 계속해서 국가보안법 위반 혐의로 감옥에 들어가야 했다. 저항이 거세진 만큼 탄압도 더해갔다. 의문의 죽음은 계속됐다.

젊은 죽음은 목숨을 던지는 저항의 죽음만이 아니었다. 1973년 최종길, 1975년 장준하로 시작된 의문의 죽음은 독재 정권을 관통하면서 대학생과 노동자의 죽음으로 이어졌다. 어느 날 갑자기 사라진 친구, 동료가 어디선가 시신으로 발견돼, '의문사'라는 이름으로 돌아왔다. 반독재 투쟁을 주도하던 이들이거나 그들을 잡을 정보를 가졌다 싶은 이들은 먹잇감이 되었다.

죽음으로 알리고 죽음으로 지키려 했던 민주주의는 피를 먹고 자라났다. 나를 대신해 죽어 간, 또 다른 나인 이름들, 광주의 아들이 군사 정권을 무너뜨릴 수 있었다. 6월 항쟁은 어느 날 갑작스럽게 폭발한 게 아니다. 대학생의 죽음에 분노한 선량한 시민이 거리를 가득 메워 전두환 정권을 물러나게 하지 않았다. 먼저 죽어 간 이들의 핏값으로 비로소 구할 수 있었다. 6월 항쟁의 날들에도 군에서, 노동 현장에서 의문의 죽음은 이어졌다.

부모들이 앞에 나섰다. 전국민족민주유가족협의회, 민주화실천가족운동협의회 부모들은 더 이상 자식들이 죽는 것을 보고 있을 수 없었다. 대신 싸우고, 대신 깨지고, 대신 죽으려 했다. 죽음의 진실을 밝히는 일에 목숨을 걸었다. 자식이 원했던 세상을 만들기 위해, 더 이상 죽음을 막기 위해 부모들이 나섰다. 자식을 잃은 부모의 곁에는 문익환이 함께했다. 장준하의 아들도 의문사 유가족으로 부모들과 함께했다.

부모들은 의문사 진상규명을 요구하는 서명을 받고, 농성하고 삭발했다. 국회에도 들어가고, 청와대를 찾아갔다. 시위가 있는 곳이면 앞장섰고, 경찰이 몰려오면 몸으로 막아 냈다. 자식을 대신해야 했다.

여의도는 한강에서 불어오는 바람이 소용돌이쳤다. 국회의사당의 위엄은 견고했다. 목에 영정을 맨 희끗희끗한 중년의 아저씨, 아주머니들이 매일 시위를 벌였다. 여의도는 공허했다. 자식의 죽음의 진실을 밝혀 달라고 외치는 일이 끝없이 반복됐다. 유족의 입법 운동에 귀 기울이는 국회의원은 소수에 불과했다.

"집에 가면 뭣할 것이요. 이 자리에서 꼼짝도 하지 맙시다."

"그럽시다. 저들이 우리 말을 들어 줄 때까지 여기서 지키고 있읍시다."

여의도 빌딩 앞에 주저앉았다. 신문지를 깔고 앉아 밤을 새웠다. 스티로폼이 깔리고 비닐이 쳐지고 농성장이 만들어졌다. 커다란 천막 두 개와 작은 천막 하나가 차례차례 세워졌다. 농성이 길어지면서 물품이 하나둘씩 늘어났다. 겨울은 춥고 매웠다. 담요를 덮고 늙은 부모들은 서로 부둥켜안고 밤을 보냈다. 442일, 1년 하고도 57일을 한뎃잠을 자고서야 유족의 아픔이 국회에 전해졌다. 의문사진상규명 특별법이 통과됐다.

"저는 장준하 선생님이 어디로 내려가셨는지 보지 못했습니다."

김용환은 증언은 계속 바뀌었다. 장준하가 절벽에서 나무를 잡고 뛰었다는 목격자는 약사봉에서 장준하와 걸었던 절벽으로 향하는 길을 찾지 못했다. 기억은 수시로 변했다. 본 것도 보지 않은 것도 없는 안개로 가득했다. 1975년 8월 17일 하오부터 다음 날 아침까지 김용환은 어디에도 없었다. 의문사 사건은 오래전 기억을 되살려야 했고, 양심고백에 의존할 수밖에 없었다. 진실의 조각을 맞춰도 모르쇠로 버티면 극복할 재간이 없었다.

의문사진상규명위원회에 접수된 사건은 85건이었다. 국정원, 경찰, 군으로 나눠 각 팀에 배당됐고, 본격적으로 조사가 시작됐다. 국가기구가 국가를 조사해야 했다. 경찰, 검찰, 군, 국정원은 조사 대상이 되었다. 85건 중 절반 가까이가 공소시효가 살아 있는 사건이었다. 진실이 드러나면 살인, 사체 유기, 사건 조작의 처벌을 받아야 했고, 법을 집행하는 수사기관은 도덕성에 치명적인 상처를 입을 수밖에 없었다.

국가도 처음이고, 민간도 처음이었다. 폭발적이고 위험했다. 갈등, 불협화음, 노골적인 방해, 상상할 수 있는 모든 일이 현재했다. 수사기관의 위세는 여전히 대단했다. 의문사위와 수사기관과의 대립은 예정되어 있었다. 1년의 기간은 짧았다. 6개월을 연장했지만 누구나 곧 문을 닫는다는 걸 잘 알았다.

악조건에서도 일부 사건의 진실을 밝힐 수 있었다. 1973년 중앙정보부에서 간첩을 자백하고 투신했다는 최종길 교수는 전기고문을 하다 죽게 했다는 사실을 확인했다. 허원근은 중대장의 회식을 돕다 술 취한 하사관의 총에 사망하고, 다음 날 은폐 조작을 위해 두 발의 총을 더 쐈다는 증언을 확보했다. 인혁당 재건위 사건이 고문에 의한 조작이었다는 사실도 완전히 밝혀졌다. 대학생, 노동자 의문사 사건도 실체가 다 드러나지 않았지만, 공작이 있었고, 사건이 나고 나서 은폐와 조작이 있었다는 사실은 속속 드러나기 시작했다. 거기까지였다. 더 이상 밝혀내지 못했다. 장준하 사건은 장준하 TF팀을 구성해 총력을 기울였지만 마지막 퍼즐인 목격자의 양심고백을 받아 내지 못해 결론을 내지 못했다.

의문사위원회는 문을 닫고 유족은 다시 여의도에서 노숙 농성에 들어가야 했다. 노무현 대통령이 포괄적 과거청산의 의지를 밝힐 때까지 의문사 사건은 부유했다. 2004년에 출범한 진실화해위원회는 한국전쟁기 민간인 학살 사건, 의문사 사건, 간첩 조작 등 인권침해 사건을 조사했지만 시작부터 삐걱댔다. 의문사 사건은 대부분 시작조차 하지 않고 방치했다. 장준하 사건도 이름만 올린 채 4년이 흘렀다. 그나마 일부 조사관들이 붙들고 놓지 않아 몇 개 사건은 성과를 냈다. 진실화해위원회는 이명박 정권이 들어서면서 갈지자로 흔들리다 조사기한을 연장하지 않고 문을 닫았다. 한국전쟁 민간인 학살 사건은 10퍼센트도 채 조사가 이뤄지지 못한 상태였다. 유족은 다시 거리로 나섰다.

장준하가
세상에
진실을 알리다

여름 장마가 길었다. 빗줄기는 줄어들 기미도 없이 연일 쏟아부었다. 광탄 가톨릭 공원묘지의 하루도 비에 젖었다. 시간은 더디 흐르고, 공원묘지의 하루는 지루했다. 이런 날은 아무도 찾지 않는다. 야생동물도 나타나지 않으니 빗소리만 가득했다. 그래도 둘러봐야겠다고 관리인은 우산을 들고 일어섰다. 그냥 있어도 될 걸 늙어서 의심만 는다고 혼잣말을 하며 중간 길을 잡아 올라갔다.

"어이쿠, 큰일 났네."

관리인의 발걸음이 빨라졌다. 석축이 무너져 내렸다. 흙이 아래쪽으로 흘러내렸지만, 봉분 위쪽만 쓸려 있었다. 그나마 다행이었다. 고인의 무덤에는 손상이 없어 보였다.

맏아들 장호권과 장준하기념사업회 동지들이 모였다. 늙은 동지들은 비감해 했다. 장준하를 지키지 못한 죄가 큰데, 무덤까지 깨끗이 보존하지 못했으니 민망한 일이었다. 평생 동지 김준엽이 얼마 전에 국립묘지에 안장돼, 그 곁으로 모시자는 주장이 힘을 받았다. 누구는 민주 정권이 들어서기 전까지는 그곳에 갈 수 없다고 했다. 파주시장이 추모제에 참석했다 장준하 공원을 만들겠다고 제안했다.

이장을 한다는 것은 장준하가 세상에 나오는 일이었다. 2012년 8월 1일 다시 빛을 본 장준하 유해는 온전했다. 시신을 눕힌 그대로 뼈 하나 흐트러지지 않은 채였다. 조심스럽게 두개골을 올리자 탄식이 터져 나왔다. 두개골은 세 갈래로 갈라져 있었고, 충격의 중심에는 동그란 원형의 금이 선명했다. 귀 뒤쪽을 동그란 물체에 맞아 사망했다는 게 확실했다. 장준하 선생은 박정희 독재 시대로 돌아간 듯, 민주주의가 절체절명의 위기를 맞은 때에 스스로 모습을 드러냈다.

유족과 늙은 동지들은 입술을 깨물고 장준하 공원에 다시 모셨다. 언론은 대서특필했고, 시민들은 분노했다. 유골은 암살을 증명했지만 법의학자들의 해석은 모호했다. 추락이 아닐 수도 있고, 추락일 수도 있다고 모든 가능성을 배제할 수 없다 했다. 법과 의학은 주저했다. 유족은 다시 결단해야 했다. 장준하는 장준하 개인의 죽음이 아니었다. 장준하 죽음의 진실을 밝히는 일은 70년대부터 이어진 국가 공권력에 의한 의문의 죽음, 그 진실을 밝히는 열쇠였다. 법의학 정밀감식을 하기 위해 다시 묘를 열기로 했다.

오랜 세월이 흘렀지만 계곡은 변하지 않았다. 큼지막한 바위를 타고 연중 물이 마르지 않는 계곡이었지만 행락객은 찾지 않았다. 서울에서 두 시간 거리에 이만한 계곡을 찾기 힘든데도 약사계곡은 오지의 자연을 닮았다. 이동갈비로 유명세를 치르는 동안에도, 가까운 백운계곡, 광덕계곡에 여름철이면 발 디딜 틈도 없이 행락객이 넘쳐나도 약사계곡은 조용했다.

여름에 족구장으로 썼을 공터에 시골 개가 꼬리를 말고 짖어댔다. 폭설이 내려 그나마 있는 길의 흔적을 지워 놓았다. 논둑을 따라 계곡으로 들어섰다. 1975년 8월 17일에는 길 입구에 관광버스를 세우고 계곡을 따라 걸어 올라갔다고 했다. 길은 그때나 지금이나 외길이다.

눈에 푹푹 빠지며 계곡 옆으로 나 있는 소로를 걷다가, 징검다리로 쓸 만한 바위가 있는 지점을 택해 계곡을 건넜다. 얼마 지나지 않아 널찍한 바위와 그 옆에 세운 나무판이 눈에 들어왔다. 시신을 내려놓고 밤을 새운 바위 옆에 작은 팻말을 세워 놓았다.

장준하가 사망한 곳은 그곳에서 산줄기를 타고 올라가야 했다. 돌 틈을 밟고 미끄러지며 올라간 곳에 깎아지른 절벽이 앞을 가로막았다. 한겨울이라 물이 마르고 얼어 절벽의 형상을 잘 드러냈다.

"됐어, 이제 알겠어. 확실해."

노 법의학자 이정빈의 하악골에 힘이 들어갔다. 여름에 사건이 벌어졌고, 현장 사진은 수도 없이 많았지만 현장을 직접 보지 않고는 어떤 결론도 내릴 수 없다고 했다. 그의 말을 들어야 했다.

도로는 한적했다. 군사용 4차선 도로는 녹지 않은 눈이 그대로 얼어붙어 있었다. 차는 미끄러지듯 그늘진 군사 도시를 빠져나와 서울로 향했다. 2012년 겨울 대학로는 젊었다. 오늘로 과학기술의 도움을 받는 일은 마무리해야 했다.

대학병원 CT실 침상에 사람 대신에 유골을 올려놓았다. 37년 만에 빛을 본 유골은 깨끗했다. 삭은 부분이 하나도 없었다. 가지런한 이빨은 장준하의 삶을 반영하는 듯했다. CT 기계 안으로 장준하의 유골이 들어갔다. 촬영은 곧 마무리됐다.

장준하의 유해는 다시 냉동고에 들어가야 했다. 냉동고는 쇠사슬로 꽁꽁 묶고 커다란 자물쇠를 달았다. 몇 사람 외에는 보관 장소를 알지 못하게 단속했다. 혹시 모를 불상사에도 대비해야 했다. 살아서는 무수한 탄압을 의지로 이겨 냈지만, 이제는 몇 개의 나무상자에 나뉘어 있을 뿐이었다.

3개월의 장정이 마무리를 향해 치닫고 있었다. 장준하의 유해를 차에 싣고 다녀야 했던 죄스러움도 이제는 얼마 남지 않았다. 장준하가 죽기 전에 찾았던 효창공원, 백범김구기념관에서 장준하 유해 정밀감정 결과를 발표를 하기로 했다. 이정빈의 채근에 약사계곡 현장을 다시 다녀와야 했다. 계곡에는 봄이 다 가서지 못하고 있었다. 바람은 찼지만, 눈은 녹아내려 절벽의 형상을 온전히 드러냈다. 현장을 다시 꼼꼼히 확인하고서야 가자 했다. 다음 날 밤에 감정서를 보내왔다.

유해 정밀감정 결과 발표 준비도 비공개로 진행했다. 장준하기념사업회는 언론사의 전화로 하루 종일 통화가 어려웠다. 밤을 새워서 만든 PPT 자료와 감정서를 USB에 담았다. 효창동 백범김구기념관에서 열린 '장준하 선생 사인진상조사 공동위원회 국민보고대회'에서 이정빈은 알기 쉽게 그림을 통해 설명했다. 뽀로로 인형을 들고 선 이정빈은 옅은 미소를 보이기도 했다. 유골에 나타난 손상과 사망의 과정에 대해 법의학적 결론을 내렸다. 이정빈은 장준하 머리뼈 골절과 엉덩이뼈 골절이 따로 일어났다고 결론을 내렸다. 누구나 다 알고 있는 사실이지만 누구도 알지 못하는 죽음의 진실이 밝혀졌다.

"머리 가격을 당해 사망한 후에 추락해 엉덩이뼈 골절이 생긴 것으로 보입니다. 머리뼈 골절은 망치보다는 아령이나 돌과 같은 물체로 가격당한 것입니다. 장준하는 머리를 다쳐 즉사한 후 심장 박동이 멈췄고, 이후에 시신이 떨어져서 결국 출혈이 생기지 않은 겁니다."

장준하의 유해를 서울대병원 영안실에 모셨다. 유해를 씻기고 곱게 한지로 옷을 입혔다. 서울시청 앞에 차린 분향소에 수천 명의 시민이 찾아와 조의를 표했다. 3월 30일 유족은 겨레장에 온 시민 수백여 명과 함께 걸어서 서대문형무소에 가서 마지막 인사를 나누었다. 장준하를 실은 리무진과 영구버스는 한강과 임진강이 합쳐지는 파주 장준하 공원으로 향했다.

8월은 언제나 뜨거웠다. 장준하가 태어난 1918년 8월도, 광복군 선발대로 여의도에 들어왔다 허망하게 돌아간 1945년 8월도, 암살의 산그늘을 향해 걸어 들어갔던 1975년 8월도 뜨거웠다. 2017년의 8월도 뜨거웠다. 장준하 42주기 추도식에는 수백 명의 추모객이 모였다. 천막을 쳐 햇빛을 가려도, 연신 해 대는 부채질에도 아랑곳하지 않고 땀은 흘러내렸다. 추도식은 정중했다. 피우진 보훈처장이 대통령의 추도사를 대신 읽었다.

"돌베개를 베고 풍찬노숙을 마다하지 않았던 선생의 전 생애는 애국을 향한 대장정이었습니다. …… 친일과 독재 세력이 그토록 감추고 없애려 했던 평화와 정의, 민주주의를 향한 선생의 의지와 충정은 6월 항쟁의 함성으로, 2016년 촛불혁명의 불꽃으로 기어이 다시 살아났습니다. …… 죽음의 진상을 규명하는 일은 정파와 이념을 초월해 모두가 함께 풀어야 할 역사적 과제라고 말씀드렸습니다."

문재인 대통령은 의문사를 비롯한 모든 국가폭력 사건을 해결할 특별법 통과를 위해 적극적으로 나서겠다고 천명했다. 추도사를 읽는 유광언 장준하기념사업회장의 목소리는 갈라져 나왔다.

"우리는 선생님의 억울한 죽음의 진실을 밝히는 데 여러 관련 단체들의 힘을 모아 나설 것입니다. 이번 민주 정부에서 반드시 끝을 내겠다는 것을 다짐합니다. …… 진실규명은 이 땅에서 정치적 암살과 국가폭력에 의한 희생자가 다시는 생겨나지 않도록 하는 것이 출발점입니다. …… 그리하여 많은 후배들이 선생님의 뜻과 삶을 모범으로 삼을 수 있게 하겠습니다."

장준하의 암살은 법의학적으로, 과학으로 증명했지만 누구의 손에 의해 죽었는지 알지 못하는 한 장준하 의문사 사건은 미제사건이다. 2017년 국회에 발의된 과거사법 개정안은 대통령의 의지에도 불구하고 속도를 내지 못했다. 문재인 대통령 100대 과제 중 3대 선결과제로 삼았지만, 국회는 무기력할 뿐이었다. 법을 만들어 국가기구를 만들지 않고서는 의문사 사건을 조사할 수 없어, 장준하 사건의 해결도 기다려야 했다.

요즈음 백세시대라 합니다. 저도 천수를 누리고 있는 것입니다. 수명은 천수를 타고났는데 운명은 순탄치 않았군요. 장준하 선생님과 사별한 지 40년, 그때 제 나이가 마흔아홉이었습니다. 암울한 시대에 태어나 박복한 운명을 탄 사람이 어찌 저 혼자이겠습니까? …… 이제 저는 고단했던 인생을, 아름답게 마무리하고 40년 전 장 선생님이 먼저 걸어간 그 길로 나설 준비를 하려 합니다. 오늘 아침, 내게 남겨진 소원이 무엇인가 헤아려 보았습니다.

일제 강점기 때 소원은 조국의 자주독립이었습니다. 장 선생님의 소원도 자주독립이었고, 《등불》이라는 잡지를 통해 희망을 밝히셨습니다. 독립 후 국토분단과 비민주적 군사 독재 종식을 위해 헌신하셨습니다. …… 저 역시 제 자식과 후손에게 못난 조상이 되지 않을 것입니다. 이제 저의 소원은 올바른 역사 정립과 남북통일입니다. 이것은 저의 가족들의 소원이기도 합니다. 특히 친일 청산과 남북 평화 통일을 앞당기는 일에 제 자식들이 목숨을 걸고 동참한다 해도 결코 막지 않을 것입니다.

민주 정부가 들어설 때까지 5년만 더 살겠다던 김희숙은 구순을 맞아 장준하기념사업회에 편지를 보냈다. 지치지 말라고 손을 내밀었다. 살아남은 자의 몫은 지금도 무엇 하나 변하지 않았다. 조금도 줄지 않았다.

미망인도 진실의 빛을 보지 못하고 세상을 떠났다. 장준하 죽음의 진실을 밝히는 일은 과거의 잘못을 바로잡는 일이기도 하고, 장준하 이전과 이후에 발생한 의문사의 진실에 다가가는 일이다. 장준하와 민주주의 항로는 다르지 않다. '못난 조상이 되지 말자.'

파주 장준하 공원 너머로는 한강을 따라 철조망이 쳐져 있다. 임진강과 물길을 합한 한강 하구에는 물들이 부딪쳐 흔들렸다. 장준하의 고향 바다를 흘러내려 온 물과 남에서 타고 올라온 물이 합쳐져 포말이 일었다. 강 너머에서 새들이 날아왔다.

사진으로 읽는
장준하 연보

배움의 시절

1918년 8월 27일 평북 의주에서 태어나 할아버지에게 민족의식을 배운 장준하는 신성중학교 시절 시위를 주동한 혐의로 경찰서에 수감되기도 했다. 1938년 신성중학교 졸업 후 신사참배를 거부한 숭실전문학교의 폐교로 진학이 무산되자 정주의 신안소학교 교사로 부임하였다. 이후 일본에 유학을 갔다가 강제징병과 징용이 시작되자 집안과 사랑하는 여인을 위해 자원입대를 결심하고 귀국했다.

유학시절

유학시절

유학시절

교사시절

청년 장준하-탈출과 6천리 구국장정

장준하와 2명의 동지는 1944년 2월 7일 츠카다 부대를 탈출, 일본군에 쫓기다 중국군 유격대를 만나, 한국광복군특별훈련반에 합류했다. 중국군 준위가 된 장준하와 동지들은 전쟁이 치열한 상태에서 임시정부가 있는 충칭까지 6천리 길을 강행군해, 국제사회의 주목을 받았다. 제비도 넘지 못한다는 파촉령 정상에서 길을 잃기도 하고, 눈보라 속에서 죽음과 싸우며 조국 독립을 향한 의지를 다졌다.

츠카다 부대 터

불로하 강변

한광반 터

리쭝런사령부박물관

장준하가 입원했던 복민병원 건물

장준하, 노능서, 김준엽과 중국군 동지들

쿤밍의 OSS 대원들

쿤밍의 OSS 대원들

임시정부

임시정부의 광복군 소위로 시안 외곽의 광복군 제2지대와 OSS 합동 비밀훈련기지에서 특수훈련을 받으며 국내로 진공할 준비를 하였다. 8월 18일 일본군 무장해제를 위한 국내정진대원으로 여의도 일본 공군기지에 도착했으나 일본군의 저항으로 중국에 복귀할 수밖에 없었고, 11월 23일 김구 주석의 비서 및 광복군 대위 자격으로 조국에 돌아왔다.

파촉령

두취현 OSS 훈련기지

중국 웨이현의 중국군과 미군과 광복군

임시정부의 상하이 복귀(우측 끝이 장준하)

쿤밍 OSS기지(뒷줄 왼쪽 3번째가 장준하)

귀국 직후 김구 주석 등과 함께

사상계 그리고 양심적 언론인

《사상계》는 양심적 지식인과 문학인들의 집결지였고, 나라의 나아갈 길을 밝힌 정신적 지주였다. 장준하 선생은 사상계를 통해 자유와 민권과 양심의 표상이 되었다. 박정희 정권은 막사이사이상 언론문화부문상을 수상한 장준하를 부패언론인이란 누명을 씌우고, 반품작전과 세무사찰을 통해《사상계》를 고사시키려 했다. 1970년 5월 통권 205호를 마지막으로 강제 폐간되었다.

사상계 창간호

백지 권두언

사상계 대표

막사이사이 수상(앞줄 세 번째 테레사수녀)

필리핀 공항 도착

국회의원 시절

사상계 시절

동인문학상 시상식

사상계 시절

재야의 대통령 감옥 문을 열다

《사상계》가 폐간되자, 직접 정권에 맞섰다. 1961년 10월 재벌 밀수 진상을 폭로하는 연설로 구속되기 시작해, 67년 국가원수 모독죄, 1972년 대통령 긴급조치 위반으로 구속 수감되었다. 1967년 7대 총선에 옥중 출마해 압도적인 지지로 당선돼 국회의원으로 활동했고, 1972년 유신헌법을 통과시켜 장기 집권에 들어가자 전국을 돌며 수많은 민주 인사들과 100만인 서명운동을 전개하였다.

민주화운동 시절

민주화운동 시절

법정에 선 장준하

민주화운동 시절

윤보선 대통령후보 선거유세 지원연설

긴급조치 1, 2호 위반으로 군사법정에 선 장준하와 백기완

서울 YMCA 2층 총무실에서 개헌 청원 백만인 서명운동을 발표하는 장준하

재판을 받고 있는 장준하

암살의 진실, 약사봉은 알고 있다

중앙정보부의 집요한 미행과 감시, 도청 속에서 장준하는 1975년 8월 17일 경기도 포천군 소재 약사봉 계곡에서 사망했다. 경찰은 등산 중 실족사로 발표했다. 15미터 절벽에서 떨어졌다는데, 추락한 상처가 전혀 없었다. 실족사에 의문을 제기한 동아일보 기자는 긴급조치 위반으로 구속됐고, 맏아들 장호권은 테러를 당해 해외로 도피하는 상황이었지만 진실을 밝히려는 노력은 계속되었다.

언론 보도

약사봉 현장

장례 미사

장례식

묘소 표지목

약사봉 비석

49제

어둠은 진실을 가릴 수 없다

2001년 의문사진상규명위원회에서 장준하 사건을 조사해 타살의 정황은 분명하나 정보기관의 비협조로 결정적 증거를 확보하지 못해 진상규명 불능 결정을 했다. 2011년 폭우로 공동묘지가 무너져 파주시 장준하공원으로 이상하면서 머리 뒤쪽의 원형 함몰 구멍을 확인했다. 이를 계기로 전면적인 재조사를 요구했고, 직접 법의학 정밀감정을 했다. 법의학자 이정빈 교수는 감정 결과 타살임을 밝혔다.

묘소 옹벽 붕괴

이장을 위한 개묘

장준하 공원 묘지 이장

2차 개묘

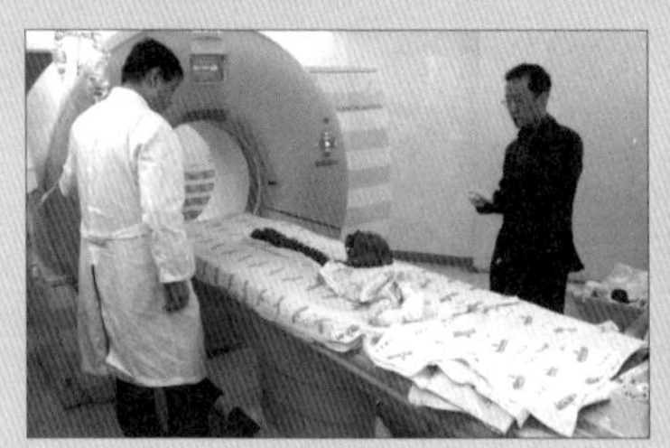
정밀감식

유해 정밀감식 결과 국민보고대회

평생의 동지, 반려자 김희숙 여사

고향에서 일제의 탄압을 견뎌냈고, 해방 후에는 시부모를 모시고 월남을 강행했다. 《사상계》 출간 때는 유일한 무보수 직원으로, 옥중 출마했을 때는 선거유세를 도맡았고, 거듭되는 옥바라지 고초도 묵묵히 감내했다. 1975년 장준하 선생이 돌아가신 후 정권의 감시와 탄압 속에서도 삯바느질 등으로 3남 2녀를 키워냈다. 2018년 92세를 일기로 영면, 파주시 장준하공원에 합장하였다.

장준하 선생님과 김희숙 여사

구속영장 집행날 장준하 선생을 배웅하는 김희숙 여사

장준하 선생님과 장남 호권, 막내 호준

흔치 않은 김희숙 여사 독사진

막내 호준군의 첫돌 잔치 기념사진(1960년 2월 7일)

장준하를 추모하며

김수환 추기경

장준하 선생은 참애국자셨습니다.
참으로 이 나라와 민족을 사랑하신 분이었습니다.
이 나라와 겨레를 당신 자신보다도, 사랑하는 당신의 가족보다도
더 사랑하셨습니다…
나라 사랑에서 그 분을 떼어 놓을 수 있는 것은 아무것도 없었습니다.
가난도, 투옥이나 박해의 위협도, 그 어떤 시련도, 죽음까지도
그를 나라사랑에서 떼어놓지는 못했습니다.
장선생이 간절히 바란 것은, 자신을 다치면서까지 바란 것은
이 나라가 참되게 통일이 되는 것, 이 겨레가 하나가 되는 것이었습니다.

법정 스님

선생님이 준 인상은 결코 시정의 정치인이 아니었습니다.
누구보다도 이 나라를 아끼고 사랑하는 지성인이었고
불의 앞에 용감히 도전하는 행동인이었습니다.
금지된 동작을 맨 먼저 시작하는 혁명가였습니다.

문익환 목사

이 못난 것아
- 다시 장 형의 영전에 바치노라

자넨 어쩌자고 대낮에 눈감고 주먹질인가?
그 흔한 장미꽃 웃음이라도 뿌릴 일이지.

자넨 어쩌자고 바람보고 칼 빼드는가?
고맙게도 절로 자라 주는 머리라도 날릴 일이지.

자넨 어쩌자고 종다리 지저귀는 앞산보고 눈흘기는가?
뒷산 서낭당에 가서 침이라고 뱉을 일이지.

자넨 어쩌자고 넝쿨째 굴러드는 복을 발길질인가?
아내더러 호박국이라도 끓여 달랠 일이지.

누구나 가는 길
삼삼오오 짝지어 산천경개나 구경하며 슬슬가도 될 일을

이 못난 것아
자넨 어쩌자고 그리 서둘러 혼자 가는가?

장례식

묘소 앞에 선 장남 장호권, 차남 장호성

1983년 8주기 추도식

범국민추모제

추모전시회

겨레장

아! 장준하 구국장정 6천리

뮤지컬 청년 장준하

추모공연 세 친구

장준하 특별법 제정을 위한 공청회

김희숙 여사 영면

진화위 신청 접수